KB267002

마르크스의 자본론

마르크스의 자본론

마르크스의 자본론

벤 파인 · 알프레도 새드-필호 지음/박관석 옮김

책갈피

마르크스의 자본론

지은이 벤 파인·알프레도 새드-필호
옮긴이 박관석
펴낸곳 도서출판 책갈피
주소 서울특별시 성동구 무학봉15길 12, 2층
등록 1992년 2월 14일(제18-29호)
전화 (02) 2265-6354
팩스 (02) 2265-6395
이메일 bookmarx@naver.com
홈페이지 www.chaekgalpi.com

첫 번째 찍은 날 2006년 7월 18일
아홉 번째 찍은 날 2021년 3월 12일

값 8,000 원

ISBN 89-7966-045-8 03320
잘못된 책은 바꿔 드립니다.

내 책 속의 최상의 요소들은 다음의 것들이네. (1) 그것[노동]이 사용가치 속에 표현되는지 아니면 교환가치 속에 표현되는지에 따라 [나타나는] 노동의 이중적 특성 (2) 이윤·이자·지대 등 그것의 특수한 형태들로부터 독립한 잉여가치의 취급.

· 마르크스가 엥겔스에게, *Selected Correspondence*, Letter 99, Lawrence & Wishart, London, 1934.

근대 사회 안의 계급들의 존재와 그들 사이의 투쟁을 발견한 것은 나의 공로가 전혀 아닙니다. 이미 오래 전에 부르주아 역사가들이 이러한 계급투쟁의 역사적 전개를 서술한 바 있고, 부르주아 경제학자들은 계급에 대한 경제적 해부를 한 바 있습니다. 내가 새롭게 한 일은 다음의 논점들을 증명한 것입니다. (1) 계급의 존재는 오직 생산 발전의 특정한 역사적 단계와 결부돼 있다. (2) 계급투쟁은 프롤레타리아 독재로 필연적으로 귀결된다. (3) 이 독재는 모든 계급의 철폐와 무계급 사회로의 이행을 만들어 낼 뿐이다.

· 마르크스가 바이데마이어에게, *Selected Works of Marx and Engels*, Lawrence & Wishart, London 1968, p.679

마르크스의 자본론 • 차례

약어

AR   절대지대

CTs   이윤율저하경향법칙에 대한 반대 경향들

DR   차액지대

IBC   이자 낳는 자본

LP   노동력

LTRPF   이윤율저하경향법칙

MDC   화폐취급자본

MP   생산수단

OCC   자본의 유기적 구성

TCC   자본의 기술적 구성

VCC   자본의 가치 구성

일러두기

1. 인명 등의 외래어는 최대한 외래어 표기법에 맞춰 표기했다.

2. 이 책은 원서의 체제를 따랐으며, 본문 중 이탤릭체로 표시된 부분은 고딕체로 표시했다.

3.본문에서 [ ]는 옮긴이가 우리말로 옮기는 과정에서 독자들의 이해를 돕고 문맥을 매끄럽

게 하기 위해 덧붙인 것이다.

4. 책은 ≪   ≫로 표시했다.

추천글

　내가 번역한 ≪자본론≫은 지금까지 50만 부가 팔릴 정도로 꾸준히 인기를 누리고 있다. 그 이유는 마르크스의 걸작이 현실을 올바르게 이해하려는 사람들에게 정확한 지식을 주기 때문이다.

　벤 파인과 알프레도 새드-필호가 만든 이 작은 책은 마르크스의 대작을, 그 핵심을 중심으로 정리한 것이다. 두 학자 모두 런던 대학교의 아시아·아프리카 대학(School of Oriental and African Studies)에 근무하고 있지만, 특히 벤은 마르크스 이론 그 자체뿐 아니라 주류 경제학에 대한 비판에서도 세계적으로 이름을 날리고 있다. 한국에서도 전남대의 이채언 교수, 국민대의 조원희 교수 그리고 내가 벤의 지도를 받은 바 있다.

　또한 이 책을 우리말로 번역한 박관석 교수는 일찍부터 마르크스 경제학에 전념해 훌륭한 논문들을 발표했으며 한국사회경제학회의 간부로서 마르크스 경제학의 전파와 발달에 크게 기여한 바 있다. 번역이 부드럽고 읽기 쉬워 독자들의 수고를 크게 줄여 주리라 믿는다.

　지난 1월에 벤과 알프레도를 런던에서 만났는데, 그들도 이 책이 널리 읽혀 자본주의의 문제점들, 주류 경제학의 비현실성, 진보적 사

회운동의 필요성 등등이 더욱 부각되면 좋겠다는 희망을 나에게 전한
바 있다.

2006년 2월 6일
서울대학교 경제학부
김수행

한국어판 서문[*]

≪마르크스의 자본론≫의 제4판이 한국어로 번역되는 것을 매우 기쁘게 생각한다. 한국의 경제적·전략적 중요성, 한국의 교수들과 학생들의 부지런한 연구 활동, 그리고 한국의 사회운동의 치열함은 마르크스주의에 관한 관심을 자극하는 데 큰 구실을 했다.

이 작은 책은 마르크스의 위대한 저작인 ≪자본론≫의 기본 개념들과 중요한 문장들을 간단하고 알기 쉽게 해설한다. 마르크스의 대작을 이해하는 것은 세 가지 차원에서 중요하다. 첫째로 마르크스주의 정치경제학이 곧바로 직접적으로 진리에 도달하게 하는 것은 아니지만, 현실의 각 측면들 — 예컨대 임금노동, 화폐, 금융, 기술 변화, 세계화, 불균등발전 그리고 공황 — 사이의 체계적인 관계를 밝혀 준다. 그런데 주류 경제학은 마치 현실이 요소들 — 오직 외부적으로만 그리고 주로 우연히 연결됐을 뿐인 요소들 — 의 집합인 것처럼 생각하여, 서로 교체할 수 있는 개념들(예컨대 레고 조각들)로 구성된 독립적 모델들을 세운다. 이런 방법론적인 우수성 때문에 마르크스주의 정치경제학은 자본주의를 지배하는 기본 경제관계들, 경제과정들 그리고 경제

---

* 한국어판 서문은 서울대학교 경제학부 김수행 교수가 번역했다. 바쁜 와중에도 이 책의 출간 소식에 서문 번역을 자청해 준 김수행 교수께 감사드린다.

구조들을 머리 속에서 재생산할 수 있으며, 자본주의의 역동적 변동의 원천과 자본주의의 한계들을 파악할 수 있는 것이다.

둘째로 이론적 통찰과 역사적 분석은 마르크스의 변증법적 방법의 분리할 수 없는 측면들이다. 사회현상들은 오직 역사적 상황 안에서만 존재하고 또한 이해할 수 있을 뿐이다. 사회현상들의 분석에 사용되는 개념들도 사회적 현실에 뿌리를 둬야 한다. 다시 말해 사회이론은 자신의 역사적 한계를 넘어서면 생명력을 잃어버린다.

셋째로 마르크스주의적 분석이 끊임없이 발달하고 시의적절한 역사적 자료들을 흡수할 때, 마르크스주의적 분석은 진보적 사회변혁을 지지하는 압력들이 가장 잘 결집하는 긴장의 지점들을 찾아낼 수 있으며 변혁적 정치활동을 제시할 수 있다.

그렇다고 해서 마르크스주의적 연구가 사회적 조사나 정치적 활동에 대해 마술적인 열쇠를 준다고 생각해서는 안된다. 자본론은 종교적 '계시록'이 아니다. 20세기 초부터 사회적·정치적 운동들이 마르크스주의를 이용해 때로는 매우 큰 희생을 치르면서도 큰 성공을 거두기도 했다. 그리고 때로는 끔찍한 범죄들을 정당화하는 데 사용되기도 했다. 이런 양면적 유산은 대체로 모든 거대한 이론들의 운명이다. 그러나 다른 사회이론들과는 달리, 마르크스주의는 자기 자신의 역사적 경험들을 반성하는 데 사용할 수 있는 이론적·개념적 틀을 제공하며, 또한 21세기의 진보적 사회운동들과 변혁적 정치활동의 부활을 촉구하는 데 사용할 수 있는 이론적·개념적 틀을 제공한다.

이 작은 책이 한국과 다른 나라들에서 이런 새로운 운동들의 발달과 세련되고 혁명적인 형태의 저항운동들의 성장에 조금이라도 기여한다면, 우리로서는 기쁘기 그지없겠다.

조금 수준을 낮춰서 다음과 같이 우리의 바람을 말할 수 있다. 마르크스주의는 학계에 침투했으며 각종 사회과학에서 불균등하지만 연구의 대상이 되고 있다. 냉전의 종결, 세계화 개념의 유행, 새로운 형태의 미국 헤게모니 행사 등과 더불어, 새로운 세대의 학생들은 마르크스주의 정치경제학의 통찰력에 매력을 느끼게 됐다. 반면에 주류 경제학은 비주류 경제학(마르크스주의든 아니든)에 대한 정신병적 불관용과 자신의 비현실적인 연역적 이론들에 대한 병적인 집착을 오히려 더욱 강화하고 있다. 이런 상황에서 이 작은 책이 주류 경제학 — 지금 경제적 합리성의 원칙을 시장의 검증되지 않은 법칙들에서 확장해 사회 전체를 설명하려고 시도하고 있지만 — 의 정통성에 도전하고 그 정통성에서 벗어나려는 사람들에게 도움을 준다면 우리로서는 큰 기쁨이다.

2006년 2월 런던

벤 파인·알프레도 새드-필호

감사의 글

이 책은 원래 1970년대 초 런던 대학교 버크벡 칼리지에서 열린 '마르크스주의 경제학'과 '소득과 부의 분배'에 관한 강좌 속에서 준비됐다. 당시의 강의자들과 수강자들에 감사한다. 봅 레이와 사이먼 모훈은 초판의 초고들을 읽고 많은 조언을 해 줬으며 이 조언들은 초판에서 수용됐다. 그 후에도 많은 사람들이 후속 판본들의 본문의 개선에 기여했다.

알프레도 새드-필호는 이번 원고를 준비하는 과정에서 도움을 준 리타와 카마유리에게 감사한다.

4판 서문

《마르크스의 자본론》 초판은 1970년대 초에 저술됐다. 이 책은 당시 정세의 산물이었다. 그 당시 영국과 여러 곳에서 마르크스 정치경제학에 대한 관심이 되살아나고 있었다. 여러 해 동안 '냉전'의 모습으로 강력한 억압이 있은 뒤에 일어난 일이었다. 마르크스의 정치경제학에 대한 관심이 더 커졌을 뿐 아니라 전 세계를 휩쓴 좌익운동, 세계 자본주의 경제의 명백한 퇴조, 전후 '호황'의 붕괴에 관한 전통 이론의 설명에 대한 거부감 등에서 자양분을 공급받았다. 그 후 많은 것들이 변했다. 이 책의 각 판들은 각각 나름대로 정치경제학의 운명의 변화를 반영해 왔다.

이 책의 3판이 출간된 지 몇 해가 지났다. 그런데 4판 출간을 추진한 이유는 재고 소진보다 더 깊은 데 있다. 4판은 정치경제학 일반, 특히 마르크스주의 정치경제학의 부활을 예상하며, 나름대로 거기에 기여하고자 한다. 이러한 낙관적 전망의 근거로 몇 가지 요인들을 들 수 있다.

첫째, 주류 경제학이 경제학에 대한 관용적이지 않은 통제력을 강화하고, 비주류 경제학을 수학적·통계학적 엄밀성의 검증을 통과하지 못한 것으로 기각해 왔지만, 정설 이론에 대한 불만의 징후는 점점 더 늘어나고 있다. 경제학과 다른 사회과학의 연구자들 사이에서 정설 이론 밖에서 대안을 찾는 시도들이 점증하고 있다.

둘째, 지난 20년 동안 지적 의제를 설정할 때 포스트모더니즘과 신자유주의가 사회과학계 전반에서 우세를 보였지만, 이론과 실천에서 이 사조들이 보인 최악의 극단들에 대한 반발이 일고 있다. 지난 10여 년 동안 세계화나 사회적 자본 등의 개념들이 등장한 데서 알 수 있듯이, 비판적 사고는 현대 자본주의의 성격을 이해하는 데 집중되고 있다. 그 결과 불가피하게 경제학 영역 밖에서 경제 문제가 제기되고, 정치경제학에서 지침을 구하게 된다.

셋째, 전후 호황의 붕괴에 뒤이은 장기 침체와 포스트모더니즘과 신자유주의의 대두는 하나의 역설적 효과를 낳았는데, 자본주의 경제는 비록 완만한 모습일지라도 정상적으로 작동하고 있는 것처럼 여겨졌다. 그런데 지난 10여 년 동안 금융위기들이 발생하면서 이러한 시각은 무너졌으며, 금융의 특별한 구실이 전면에 부각됐다. 금융과 산업이나 더 일반적으로 말해 경제의 나머지 부문과의 관계는 정치경제학의 연구 주제들 중에서도 특별한 지위를 부여받아야 한다.

넷째, 물질적 조건들의 변화 또한 정치경제학의 유의미성을 높였다. 지구 온난화 현상에서 단적으로 드러난 것처럼, 환경 악화가 자본주의와 밀접한 관련이 있다는 인식이 확산됐다. 소련은 붕괴했지만 자본주의는 심지어 그 자체의 협소한 기준으로 보더라도 어떤 진보적 대안도 제시하지 못하고 있다는 점을 사람들이 깨닫게 됐다. 지금 벌어지고 있는 일들이 설사 테러리즘 반대나 인권의 확립이라는 명분 하에 수행되고 있을지라도 손쉽게 제국주의 전쟁이라 규정할 수 있다.

마지막으로 — 중요성이 가장 작다는 의미는 아니다 — 신자유주의 이외의 대안은 없다(TINA)는 주장은 소위 제3의 길 이외의 대안은 없다(TINOA)는 주장에게서 반격을 받았다. 자본주의의 한계 내에서 개량주의 정치를 추구하는 사람들이 여전히 많이 있지만 제3의 길은 이데올로기 측면에서나 실천 측면에서 이미 퇴조의 길로 접어들었다. 지금은 다른 어느 때보다 더 사회주의의 대의를 주장할 필요가 있다. 그런데 자본주의 비판의 측면에서나 잠재적 대안에 대한 시사점을 던져주는 측면에서 이러한 대의는 정치경제학에 기초해 있다.

4판에서는 위에서 언급한 논쟁들을 다소간 새롭게 다루고 있다. 그러나 이 책의 주된 목표는 마르크스의 정치경제학 이론을 그의 사상의 복잡성이 허용하는 한도 내에서 가능한 한 간결하게 서술하는 데 있다. 책의 지면 제약 때문에 논리 전개가 응축됐지만 단순한 구조를 유지하고 있다. 그럼에도 이 책의 일부분, 특히 후반부의 몇몇 장들은 정독을 필요로 할 것이다. 마르크스 자신의 정치경제학 이론과 그 현대적 함의와 관련한 새로운 주제들이 추가됨에 따라 4판의 본문 길이가 초판의 2만 5천 단어보다 두 배로 늘어났다. 또한 각 장마다 주제와 관련한 주요한 논쟁들을 조명한 서술을 포함시키고 논쟁점과 관련한 독서 목록을 추가했다. 이것은 학술적 문헌에 관심 있는 독자들을 위한 것이다. 이러한 변화들 때문에 유감스럽게도 4판은 이전 판들이 지녔던 간결성을 상당 부분 잃어버리게 됐다. 그러나 독서의 편의를 위해 각주와 인용문헌 목록은 4판에서도 생략했다. 독자들에게 예상되는 이러한 어려움(사소한 것이길 바라지만) 외에도 마르크스의 정치경제학이 정설 경제학과 어떻게 다른지에 관한 간헐적 언급이 비경제학도에게는 부담이 될지도 모르겠다. 그러나 한편으로는 독자들의 필요에 따라 어려운 부분은 건너뛸 수도 있을 것이고, 다른 한편으로는 통찰력 있는 설명으로 보상받을 수도 있을 것이다.

4판에서는 알프레도 새드-필호가 공저자로 참여했다. 이것은 이전 판들의 지문을 새로 고쳐 쓰고 가치이론에 관한 알프레도의 중요한 공헌을 반영하는 새로운 지문들을 추가하기 위한 조치였다. 우리는 여러 해 동안 밀접한 지적 관계를 유지해 왔으며, 이 책의 4판에 반영돼 있듯이, 마르크스의 정치경제학 이론에 관한 상호 공통의 이해를 발전시켜 왔다. 우리는 힘든 시기에 마르크스주의 경제학을 계속해서 진지하게 연구하고 가르치는 사람들에게 감사와 격려를 보낸다.

2003년 7월
벤 파인

제1장
역사와 방법론

마르크스는 성인기 내내 가장 유명하게는 자신의 저작을 통해 그리고 선동과 노동자 계급 조직화를 통해 자본주의 사회의 혁명적 변혁을 추구했다. 예를 들면 마르크스는 1864년부터 1876년까지 제1인터내셔널(국제노동자협회)의 지도자 중 한 명이었다. 자신의 저작에서 마르크스는 역사 변동의 일반적 과정을 규명하고, 이러한 통찰을 특정한 사회들에 적용하며, 나아가 특수한 역사적 상황을 구체적으로 연구했다. 이 장에서는 마르크스의 지적 발전과 방법론의 주요한 특징들을 간략히 살펴본다. 이 책의 나머지 부분에서는 그가 쓴 저작의 다른 측면들, 특히 정치경제학에 관한 그의 주된 저작인 ≪자본론≫ 3부작에서 발견되는 여러 측면들에 관해 자세히 분석한다.

마르크스의 철학

칼 마르크스는 1818년 독일에서 태어났으며, 대학에 들어와서 처음에는 법학을 공부했다. 그의 관심은 곧바로 철학으로 바뀌었는데, 당시에 철학은 헤겔과 그의 제자들이 지배하고 있었다. 그들은 이론적 개념들이 물질적 현실과 독립적으로 전개될 수 있다고 믿은 관념론자들이었다. 헤겔주의자들에게 현실이란 자기 전개하는 개념체계의 발현이거나 "절대 이성"을 향한 운동의 결과다. 이런 자기 전개하는 개념체계는 상대적으로 추상적인 것을 더 구체적인 것과 연관시키는 개념구조를 갖고 있다. 헤겔주의자들은 지적 진보가 정부, 문화 그리고 다른 형태의 사회생활이 발전하는 것을 설명한다고 믿었다. 따라서 의식의 연구야말로 사회를 이해하는 데서 관건이며, 역사란 제도와 사상들이 주도권을 놓고 각축하는 하나의 무대에 불과하다. 이러한 영속적 갈등 속에서 각 발전단계는 더 높은 단계로 전환하기 위한 맹아들을 보유하고 있다. 각 단계는 선행하는 단계들에 비해 진보한 것이다. 그러나 전자는 후자에서 유래하는 요소들을 흡수해 변형한다. 이러한 변화과정, 즉 새로운 이념들이 낡은 이념들을 물리치기보다는 오히려 낡은 이념들 속의 모순과 갈등을 해소하는 변화과정을 헤겔은 **변증법**이라고 불렀다.

헤겔은 1831년에 죽었다. 마르크스가 아직 젊은 대학생이었을 때 대립하는 두 헤겔주의 집단 ― 청년파(급진파)와 노년파(수구파) ― 이 각각 헤겔의 정통 계승자임을 주장했다. 노년파 헤겔주의자들은 프러시아의 절대군주제, 종교, 사회는 이성의 변증법적 진보에서 영광스러운 성취를 나타낸다고 믿었다. 반면 위험할 정도로 반종교적이던 청년파 헤겔주의자들은 지적 발전이 너무나 지체되고 있다고 믿었다. 이리하여 두 학파 사이의 각축장이 마련됐다. 양쪽 모두 자신들의 승리가 독일 사회의 진보를 알릴 것이라고 믿었다. 독일 사회의 많은 부분에서 어리석음과 빈곤, 타락이 만연해 있음을 목격한 마르크스는 처음에는 자신을 청년파 헤겔주의자라고 생각했다.

그러나 청년파 헤겔주의자들에 대한 마르크스의 공감은 극히 짧은 기간밖에 지속되지 못했다. 거기에는 유물론자이던 포이어바흐의 영향이 컸다. 포이어바흐가 유물론자였다는 사실은 그가 자기 자신의 안녕에만 집착한 것을 의미하지는 않는다. 오히려 그는 자신의 이단적 견해 때문에 학문적 경력에서 손해를 봤다. 포이어바흐는 인간의 의식이 삶과 존재를 지배하는 것이 아니라 오히려 인간의 욕구가 의식을 지배한다고 믿었다. 《기독교의 본질》에서 포이어바흐는 종교에 대해 단순하면서도 재기가 번쩍이는 반론을 폈다. 인간이 신을 필요로 하는 것은 종교가 정서적 욕구를 만족시키기 때문이다. 이 필요를 만족시키기 위해 사람들은 자신들의 최상의 성질들을 신의 형상에 투사하고 그렇게 만들어진 것을 경배한다. 그 결과 신은 인간의 의식 속에서 독립적인 존재를 획득한다. 사람들은 인간성을 회복하기 위해 신에 대한 사랑을 인간 상호 간의 사랑으로 대체할 필요가 있다.

마르크스는 포이어바흐의 이러한 통찰에서 즉각 감명을 받았다. 처음에 마르크스는 포이어바흐가 사람들을 사회적 존재로 보는 것이 아니라 특정한 '인간성'을 실현하기 위해 투쟁하는 개인들로 보고 있다고 비판했다. 그러나 얼마 지나지 않아 그는 포이어바흐의 유물론을 넘어섰다. 그는 두 가지 방식으로 이것을 달성했다. 첫째, 그는 포이어바흐의 유물론 철학을 사회에 존재하는 모든 지배적 사상뿐 아니라 종교를 넘어 이데올로기와 사회 전체에 관한 사람들의 통념에까지 확장했다. 둘째, 그는 포이어바흐의 생각을 역사에까지 확장했다. 포이어바흐의 분석은 전적으로 비역사적이고 비변증법적이었다. 인간은 종교를 통해 정서적 욕구를 만족시킨다. 그러나 그 욕구는 설명되지 않은 채 남아 있으며 신을 통해 충족되건 그렇지 않건 변하지 않는다. 마르크스는 이 문제의 해결책을 물질적 조건들에서 찾는다. 마르크스가 생각하기에 인간의 의식은 비판적이다. 그러나 그 의식은 역사적·사회적·물질적 환경들과의 관련 속에서만 이해될 수 있다. 이러한 방식으로 마르크스는 변증법과 역사 사이의 긴밀한 관계를 확립했는데, 이것이 마르크스 방법론의 주춧돌이 됐다. 의식은 일차적으로 물질적 조건들에 따라 결정되지만 물질적 조건들 그 자체는 인간의 역사를 통해 변증법적으로 형성된다.

헤겔이든 그의 다양한 추종자들과 비판자들이든 아니면 마르크스든간에 이러한 설명은 그들 모두 사유에서 하나의 공통된 특성을 드러내는데, 그것은 사물들이 원래의 모습 그대로 직접 현상하지 않는다는 점이다. 예를 들어 포이어바흐에게 신은 인간의 마음속 이외에는 존재하지 않지만 인간의 필요를 충족시키기 위해 현상하는 것처럼 보인다. 자본주의에서 자유로운 노동시장은 착취를 은폐하고, 정치적 민주주의는 계속적인 특권과 권력보다는 평등을 시사한다. 실제(또는 내용이나 본질)와 그것이 현상하는 방식(또는 형태) 사이의 이러한 괴리는 마르크스의 (변증법적) 사유의 중심 특징 중 하나다. 그것은 추상적 개념들(예를 들어 계급이나 가치)과 그 개념들이 일상생활 속에서 구체적이고 실질적인 모습으로 (임금, 가격, 이윤을 통해) 드러나는 것 사이의 연결고리를 형성한다.

마르크스가 주로 자본주의에 대해 설정한 과제, 즉 학문에는 왕도가 없다는 그의 말처럼 다루기 힘든 것으로 판단하고 있던 그 과제는 추상적인 것과 구체적인 것 사이의 연관과 모순을 밝혀내는 것이다. 이를 위해 필요한 것들을 열거하면 다음과 같다. 적합한 방법론의 채택, 추상적 개념들의 취사선택에서 올바른 출발점의 채택, 사물들의 존재 방식과 현상 방식 사이의 관계를 보여 주기 위해 그 추상적 개념들의 역사적·논리적 내용을 주의 깊게 전개하는 것.

상품 물신성에 관한 마르크스의 논의(제2장)에서 분명히 드러나겠지만, 현상이란 종교적 신념 같은 단순한 오류나 환상이 아니다. 임금, 이윤, 가격이란 것들은 자본주의가 착취를 조직하는 형태라는 것을 알기 때문에 우리는 그것들을 마음대로 없애 버릴 수 없다. 이 경우 현상들은 실제 그 자체의 일부이며 자본주의의 더 근본적 측면들을 드러냄과 동시에 은폐하고 있다. 자본주의의 더 근본적 측면들을 폭로하기 위해서는 적절한 변증법이 필요하다. 이러한 복잡성을 어떻게 규명할 수 있을까?

방법론

정치경제학, 역사, 인류학, 시사문제 등과 관련한 많은 저서들과는 대조적으로 마르크스는 자신의 방법론과 관련해 상세한 글을 전혀 쓰지 않았다. 이것은 그의 저작들이 일차적으로 자본주의와 자본주의 옹호자들에 대한 비판인 데 기인한다. 그러한 비판에서 방법론은 중요하긴 하지만 부차적 구실을 하는 데 그치며, 일반적으로 다른 주장들 속에 포함돼 있다. 게다가 마르크스의 방법론은 일련의 보편적 규칙들로 요약할 수 없다. 개별 문제들을 풀기 위해서는 그의 변증법적 유물론을 특별히 적용하는 방법들을 개발해야 한다. 마르크스의 방법론이 적용된 가장 잘 알려진 예는 ≪자본론≫에서 자본주의를 비판적으로 검토한 것이다. 이 저작에서 마르크스의 접근법은 크게 다섯 가지 특징을 가진다.

첫째, 사회현상들은 오직 역사적 맥락 속에서만 존재하며, 또 그 속에서만 이해될 수 있다. 시공을 초월해 유효하다고 하는 초역사적 일반 명제들은 공허하거나 유효하지 못하거나, 아니면 두 가지에 모두 해당한다. 인간 사회는 매우 유동적이다. 이 사회들은 근본적으로 상이한 방식에 따라 조직될 수 있다. 오직 상세한 분석만이 그 사회의 내적 구조, 모순, 변화와 한계에 관해 유효한 통찰을 제공할 수 있다. 특히 마르크스는 사회가 **생산양식**에 따라 구분된다고 생각한다. 예를 들어 봉건제가 자본주의와 대립하듯이, 사회는 생산양식에 따라 조직된다. 각 생산양식은 그 계급관계에 따라 구조화돼 있다. 계급관계에 대해서는 이에 상응하는 분석 범주들이 존재한다. 임금노동자는 임금을 받는 농노나 '자유로운 노예'가 아니듯이, 자본가는 공물 대신 이윤을 수취하는 봉건영주가 아니다. 사회는 그에 따라 조직되는 생산양식으로 구분된다. 따라서 사회를 이해하기 위한 개념들도 생산양식에 따라 구분돼야 한다.

둘째, 이론이 그 역사적·사회적 한계를 벗어나면 유효성을 상실한다. 이것은 개념들이 다루고자 하는 사회들에서 개념들을 이끌어 내야 할 필요에서 생기는 당연한 귀결이다. 예를 들어 마르크스는 자본주의에서 임금노동자들이 착취당하는 것은 그들이 임금으로 얻는 것보다 더 많은 가치를 생산하기 때문이라고 설명한다(제3장 참조). 여기에서 잉여가치가 생겨난다. 이러한 결론과 거기에 상응하는 잉여가치 개념은 오직 자본주의 사회에만 적용된다. 잉여가치 개념이 다른 사회들의 착취를 설명하는 데 도움을 줄 수도 있다. 그러나 그 사회들에서 착취의 양식과 사회경제적 변동의 근원은 새롭게 규명돼야 한다. 자본주의에 대한 분석이 설사 타당하다 할지라도, 다른 사회들이 어떻게 구조화돼 있는지 이해하기 위한 원리들을 자동으로 제공해 주지는 않는다.

셋째, 마르크스의 분석은 이론과 역사의 관계를 통해 내재적으로 구조화돼 있다. 헤겔의 관념론과 달리 마르크스의 방법론은 개념의 도출에 중심을 두고 있지 않다. 마르크스에게는 순수한 개념적 사유는 제한돼 있다. 왜냐하면 분석자의 머리 속에서 전개되는 관계들이 실제 세계에서 그대로 나타나야 하는 이유를 설명하는 것이 불가능하기 때문이다. 더 일반적으로 말하자면, 관념론이 실패하는 이유는 다음과 같다. 실제는 사유하는 두뇌의 외부에서 오직 역사적·물질적으로 존재하는데도, 관념론은 실제를 주로 개념의 전개를 통해 설명하려고 한다. 마르크스가 농담조로 시사한 것처럼, 청년 헤겔주의자들은 중력의 법칙을 믿지 않을 수만 있다면 이것도 폐지할 수 있을 것이다! 이와 반대로 마르크스는 실제가 사회구조와 경향들과 반대 경향들(이것들은 변증법적으로 도출할 수 있다)뿐 아니라 예측할 수 없는 우연들(이것들은 변증법적으로 도출할 수 없다)을 통해 형성된다고 생각한다. 이러한 요소들이 상호작용한 결과는 사전에 결정될 수 없다. 따라서 변증법적 유물론은 과거와 현재를 이해하는 데 도움을 줄 수 있지만 미래를 예측할 수는 없다(이윤율 저하 경향과 반작용 법칙에 관한 마르크스의 분석은 이러한 접근법의 좋은 예다. 제9장 참조). 역사적 분석이 연구방법론 안에 포함된다(역사와 논리는 분리불가능하다)는 마르크스의 인식은 경험주의로 후퇴한 것이 아니다. 그것은 개념 체계가 변화하는 실제를 결정하기는커녕 개념 체계로 환원되지조차 않는다는 사실에 대한 인식일 뿐이다.

넷째, 변증법적 유물론은 구체적이고 복잡하며 특수한 결과들을 설명하는 데 필요한 핵심 개념들, 구조들, 관계들과 분석수준들을 구별한다. ≪자본론≫에서 마르크스는 변증법적 유물론을 이용해 자본주의의 본질적 특징들과 모순들을 규명하고, 이 생산양식의 구조와 동학을 설명하며, 나아가 역사적 변동의 잠재적 원천들을 규정한다. 그의 연구는 사유 속에서 자본주의의 현실들을 재구성하는 데 도움을 주는 더 복잡하고 구체적인 개념들을 체계적으로 산출한다. 이 개념들은 자본주의의 역사적 발전을 설명하고 자본주의의 치명적 약점을 지적하는 데 도움을 준다. 이렇게 할 때 마르크스의 분석 속에는 서로 다른 추상수준을 지닌 개념들이 항상 공존하고 있다. 이론적 진보란 다음과 같은 일들을 수행하는 것이다. 현실을 더 풍부하고 더 확실하게 설명하기 위해 새로운 개념을 도입하거나, 더 구체적이고 복잡한 수준에서 기존의 개념을 세련되게 하고 재생산하거나, 역사적 증거를 도입하는 것 등이다.

다섯째, 마르크스의 방법론은 역사의 변동에 초점을 맞추고 있다. 잘 알려진 것처럼 마르크스는 ≪공산당 선언≫, ≪정치경제학 비판≫ 서문 그리고 ≪정치경제학 비판 요강≫ 서문에서 생산구조들, 사회관계들과 역사적 변동들 사이의 관계를 요약해 설명하고 있다. 마르크스의 견해는 종종 기계적으로 해석돼 왔다. 즉 소위 비선형적 기술발전이 역사변동을 인도하는데, 이 경우에 사회변동은 생산의 발전에 따라 결정된다는 것이다. 마르크스에 대한 이런 해석은 잘못된 것이다. 기술, 사회, 역사(와 다른 요소들) 사이에는 상호 결정의 관계가 존재하지만, 그때조차도 항상 사회조직 양식의 영향을 받는다. 예컨대 자본주의에서 기술발전은 모든 상업 활동에서 절대명령인 이윤 추구를 위해 일차적으로 추동된다. 봉건제에서는 이윤 동기가 부재한 상황에서 기술 진보의 범위와 속도의 제약을 받긴 하지만, 사치재와 (군사적) 서비스 그리고 어느 정도까지는 농업 수단의 생산이 주된 역할을 한다. 반면에, 마르크스는 공산주의 사회에서 기술발전이 반복적이고 체력을 소진시키며 위험하고 건강에 해로운 작업들을 제거하고, 전반적 노동시간을 줄이며, 기초적 필요를 충족시키고, 인간의 잠재력을 발전시킬 것이라고 주장한다(제14장 참조).

마르크스의 경제학

1845~1846년에 《독일 이데올로기》(엥겔스와 공저)와 《포이어바흐에 관한 테제》를 집필할 때, 마르크스는 이미 프랑스 사회주의자들의 영향을 받고 있었다. 그들의 사상을 여기서 상세히 논의할 여유는 없다. 다만 그들은 프랑스혁명의 급진적 유산에서, 그리고 당시 부상하고 있던 부르주아 사회가 '자유·평등·박애'의 요구들을 실현하지 못한 것에서 영향 받았음을 지적해 둔다. 동시에 프랑스 사회주의자들은 계급정치에 깊숙이 연루돼 있었으며, 그들 중 다수는 노동자들의 혁명적 권력 장악의 필요성과 가능성을 믿고 있었다.

마르크스가 독일 철학과 프랑스 사회주의를 종합한 것은, 그가 나중에 연구한 영국의 정치경제학에 대한 비판이 없었다면 불완전한 상태에 머물렀을 것이다. 위에서 설명한 그의 철학과 역사의 개념들로 볼 때, 마르크스가 당시의 자본주의 사회를 이해하고, 그것의 장단점과 사회주의(공산주의) 사회로 전환할 수 있는 가능성을 파악하기 위해 그의 연구방향을 경제학으로 돌린 것은 자연스러운 일이었다. 이를 위해 그는 영국의 정치경제학, 아담 스미스와 특히 데이비드 리카도의 저작들에서 노동가치론을 발전시키는 데 몰두했다. 마르크스의 입장에서는 리카도가 가정하는 것처럼, 가치의 원천을 생산에서 노동시간에만 두는 것으로는 불충분하다. 왜냐하면 리카도의 견해는 교환, 가격, 상품의 존재를 당연한 것으로 간주하고 있기 때문이다. 상품들이 더 가치 있다는 것은 그것들이 더 많은 노동량을 체화하고 있기 때문이라는 주장은, 그것들이 생산에서 투입된 노동시간에 따라 교환된다고 가정하는 것이 타당한 추상인지의 문제는 차치하고, 도대체 왜 상품들이 존재하는가 하는 물음을 낳는다. 이 문제는 다음 장에서 상세히 다룰 것이다. 그러나 이것은 마르크스 방법론의 핵심적 특징과 다른 저자들에 대한 그의 공통적 비판을 보여 준다. 마르크스는 다른 경제학자들이 내용에서도 오류를 범하고 있을 뿐 아니라 의도에서도 적절치 못하다는 점을 발견한다. 경제학자들이 인간과 사회의 영속적인 특성이라고 가정한 바로 그것을 마르크스는 뿌리까지 파헤쳐 역사적 맥락에서 이해하고자 했다.

마르크스는 어떤 사회든 생산하고 소비하기 위해서 일하지 않으면 안 된다는 점을 당연하게 여겼다. 그러나 생산이 조직되는 방식은 규명돼야 하며, 이런 필요에 대한 다른 사회관계들의 의존은 구조적·역사적으로 설명돼야 한다. 마르크스의 주장을 간략히 말하자면 다음과 같다. 사람들은 일할 때, 즉 개인적·사회적 재생산을 위한 물질적 조건들을 생산할 때, 노예와 주인, 영주와 농노, 자본가와 임금노동자 등의 일정한 사회관계 속으로 들어간다. 생활양식은 기존의 사회적 조건이, 특히 생산과정에서 채워져야 할 자리들이 결정한다. 이 관계들이 사회의 역사적 발전과정에서 확립되는 것이지만, 개인의 선택과는 무관하게 존재한다.

가장 단순한 사회들을 제외하면, 특정한 생산양식(봉건제, 자본주의 등)의 고유한 사회적 생산관계는 계급관계들을 통해 가장 잘 연구할 수 있다. 계급관계들은 사회가 그 위에 구축되는 토대다. 구매와 판매의 자유가 자본주의 사회의 핵심적인 법적 특징이듯이, 종교적·봉건적 의무들이 봉건제의 법률적 기초다. 나아가 자기 정당화하는 정치적·법률적·지적·분배적 형태들이 확립되는데, 이것들은 관습의 힘이나 다른 수단을 통해서 가장 관습적인 사회관조차 그 본질을 보지 못하게 가린다. 농노는 영주와 왕에게 충성심으로 매여 있다고 느끼며, 따라서 이런 충성심에 대한 조그마한 동요조차 엄하게 처벌될 수 있다. 임금노동자는 노동력을 판매할 자유뿐 아니라 그렇게 하지 않으면 안 될 이유를 가지고 있다. 더 많은 임금을 위한 투쟁이 있을 수 있지만, 이 투쟁은 임금 제도 자체는 문제 삼지 않는다. 반면에 자본주의의 **본질**에 대한 면밀한 조사는 권력 당국에게 거부당한다. 개별 이단자는 종종 관용되지만 반자본주의 대중운동은 예외 없이 억압당한다.

이러한 맥락에서 마르크스는 고전학파 경제학자들과 공리주의자들이 탐욕과 같은 인간 행위의 어떤 특성들을 영원한 '인간본성'의 모습으로 가정한다고 비난한다. 현실에서 그 특성들은 특정 사회가 개인들에게 심어 놓은 특성들이다. 따라서 마르크스는 설명할 필요가 있다고 느낀 자본주의 사회의 다음과 같은 특징들을 그들은 당연한 것으로 간주한다. 생산수단의 소수 독점, 다수의 임금 고용, 화폐교환을 통한 생산물 분배, 가격·이윤·임금과 같은 경제적 범주와 관련한 보상.

　　마르크스의 가치이론이 사회과학에 대한 하나의 통찰력 있는 공헌이라고 말할 수 있는 이유는 그의 가치이론이 갖는 다음과 같은 특징 때문이다. 마르크스의 가치이론은 사물들 사이의 기술적 관계들이나 절약의 기술보다는 사람들이 서로 간에 형성하는 관계들에 더 관심을 갖는다. 마르크스는 하나의 가격이론, 일련의 효율성 기준들이나 후생 명제들을 확립하는 데 일차적 관심을 두지 않는다. 그는 좁은 의미의 '경제학자'나 정치경제학자가 될 의도가 전혀 없었다. 마르크스는 여러 분야에 걸쳐 저작을 썼고, 구획을 나누는 학문 분과의 장벽을 거부한 비판적 사회과학자였다. 마르크스에게 가장 중요한 질문들은 자본주의에서 안정성과 위기의 근원은 무엇이며, 자본주의를 변화시키려는 의지가 어떻게 하면 성공적인 변혁(혁명) 활동으로 발전할 수 있는가 하는 것들이다. 이러한 질문들은 21세기에도 유효하다.

토의주제와 추가 독서 목록

　　마르크스의 전기로는 몇 가지 책들이 유용하다. 예를 들어 데이비드 맥넬런(1974)과 프랜시스 윈(2000)을 보라. 마르크스의 지적 궤적을 고찰한 저작으로는 앨런 오클리(1983, 1984, 1985)가 있다. 마르크스주의 경제학의 역사는 마이클 하워드와 존 킹(1989, 1991)이 고찰한 바 있다. 마르크스주의 문헌들의 주요 개념들에 관해서는 톰 보토모어(1991)가 권위 있는 설명을 제시했다. 변증법의 역사는 사이먼 스콧(1999)이 포괄적으로 개관했다.

마르크스는 자신의 방법론에 대해서는 거의 언급하지 않았다. 가장 유명한 예외들로는, 마르크스(1981a)의 서론과 마르크스(1976)의 서문과 후기 그리고 마르크스(1987)의 서문이 있다. 그 뒤에 이어진 문헌들과 논쟁들은 마르크스 자신의 명백한 무관심을 보완하는 정도를 넘어선다. 그의 방법론의 거의 모든 측면들 하나하나가 세밀히 검토됐으며 지지자와 비판자들에게서 다양한 해석들이 제시됐다. 이 장에서 우리가 제시한 것들은 그 범위와 깊이에서 당혹스러울 정도로 단순하고 피상적이다. 우리의 견해는 벤 파인(1980, 1장, 1981, 1장)과 알프레도 새드-필호(2002, 1장)에 기초하고 있으므로, 마르크스의 방법론에 관한 더 깊고 포괄적인 해석을 위해 참조할 수 있을 것이다. 마르크스의 분석에서 계급의 역할, 생산양식, 변증법, 역사, 다른 사상가들의 영향 등에 대해서는 다른 저자들이 상당히 자세히 검토한 바 있다. 정치경제학과 관련해서는 크리스 아더가 마르크스의 방법론에 관해 포괄적으로 저술한 바 있다. 특히 크리스 아더(2002)를 보라. 또 던컨 폴리(1986, 1장)와 로만 로스돌스키(1977, 1부)도 참조하라. 마르크스에 관한 헤겔주의적 해석에서 유래한 대안적 해석들과 관련해서는 프레드 모슬리(1983)와 토니 스미스(1990)를 보라. 이에 대한 비판은 존 로젠탈(1997)과 그 뒤에 이어진 ≪과학과 사회≫(63(3), 1999과

64(4), 2000)의 논쟁을 보라. 마르크스에 대한 기계론적 해석, 예컨대 계급관계들이나 경제적 요인들과 다른 요인들 사이의 엄격한 인과적 결정을 시사하는 해석들에 대한 비판으로는 엘런 우드(1984)를 보라.

제2장
상품생산

마르크스는 노동가치론이라 하는 것에 대한 헌신으로 유명하다. 가치와 자본(주의)에 관한 그의 분석에서 여러 측면들이 격렬한 논쟁의 대상이 돼 왔다. 마르크스를 지지하거나 반대하는 견해에 따라 그리고 이와 밀접히 연관돼 있지만 별개의 문제인, 그가 실제로 의도한 것이 무엇인가에 대한 상이한 해석에 따라 논평자들은 마르크스가 무엇을 말했는지 그리고 그것이 옳은지 그른지에 대해 상이한 견해를 보이고 있다. 그 결과 노동가치론에 대한 상이한 해석들이 많이 존재한다. 그러나 그 가운데 다수는 무지 때문이거나 마르크스를 비난하거나 옹호하려는 열망 때문에 그에게 잘못 덧씌워진 것들이다. 나아가 마르크스의 정치경제학을 둘러싼 논쟁들은 그의 가치이론에 대한 견해 차이로 소급될 수 있다. 옳든 그르든 이처럼 지속되는 논쟁들에서 두 가지 쟁점이 가장 중요하다. 마르크스가 노동가치론을 채택함으로써 노동에 부당한 특권적 지위를 부여했는가? 노동가치론은 가격을 설명하는 이론으로서 얼마나 잘 기능하는가?

이 장의 목표는 이 책의 나머지 장들에서 전개될 분석적 여행의 출발점을 확보하는 것이다. 여행은 노동가치론에 대한 매우 상이한 질문들을 제기함으로써 시작된다. 이 질문들은 마르크스 저작의 방법과 내용에 더 밀접히 관련돼 있다. 마르크스에게서 노동가치론은 어떤 개념적 마법이나 기술적 또는 대수적 곡예를 통해 올바름을 입증할 수 없다. 오히려 마르크스의 가치이론은 자본주의 사회에 존재하는 경제 관계들, 과정들, 구조들을 사유 속에서 자기의식적으로 재생산하는 것과 관련돼 있다(1장 참조). 그의 가치이론과 그 해석의 타당성 여부는 이러한 검증을 통해 판단해야 한다. 마르크스의 가치이론은 단순한 출발점들을 갖고 있으며, 이 출발점들이 이 장의 분석대상이다. 그러나 이 출발점들은 자본주의의 복잡한 현실들에 직면하면서 더 풍부해지고 복잡하게 전개된다. 그 뒤의 장들에서 이러한 복잡성들은 마르크스의 가치이론을 잘못된 것으로 기각하는 것이 아니라 오히려 정반대로 그 내적 일관성과 설명력을 입증해 줄 것이다.

노동가치론

예를 들어 자본주의처럼 하나의 생산양식을 분석할 때 마르크스의 출발점은 항상 생산이다. 자본주의 사회는 자신의 재생산을 위한 물질적 조건들을 어떻게 생산하는가? 어떤 사회에서든 생산은 사용가치들을 창출한다. 이때 사용가치란 의식주와 같은 유용한 물건뿐 아니라 교육과 보건 그리고 다른 개인적 서비스들도 포함한다. 이들은 모두 사회가 지속되기 위해서 필요한 것들이다. 따라서 노동 분업과 사용가치 생산은 인간조직의 영속적인 특징으로 여길 수 있다. 그러나 누가 무엇을 어떻게 생산하며 그것이 경제와 사회에서 어떤 의미를 지니는

가는 사회과학에서 결정적으로 중요한 문제다. 자기이익의 추구에서 필요는 발명의 어머니라는 사상에 이르기까지, 다양한 분과 학문과 다양한 이데올로기들은 다양한 대답들을 제시했다. 특히 주류(정통학파 또는 신고전학파) 경제학은 소비의 필요성을 보편적 접근법이나 방법론을 정당화하는 것으로 여겨 왔다. 여기서 경제학은 충족할 수 없는 욕구를 만족시키기 위해 희소 자원을 배분하는 일과 관련돼 있다. 이러한 관점에서 보면 경제는 시장, 국가, 가계 또는 노예제 등을 통해서 조직될 수 있다. 하지만 주류 경제학의 핵심이며 대안적 조직방식의 상대적 효율성을 측정할 수 있는 기준을 제공하는 근본적 희소성과 욕구의 이중성에 비하면 부차적 차이일 뿐이다.

반면에 마르크스에게는 사회적, 특히 계급적 관계들이 한 경제와 다른 경제 그리고 한 경제 내의 차이들을 구분하는 데 본질적이다. 여기에는 생산양식을 규정하는 소유와 분배관계들, 즉 누가 무엇을 왜 소유하는가 하는 점뿐 아니라 소유가 조직되는 방식과 노동과 생산물에 대한 통제 방식도 포함되며, 나아가 사회조직의 다른 측면들도 포함된다. 예를 들어 자본주의의 중요한 한 특징은 그것이 고도로 발달한 **상품**생산 체계라는 점이다. 그 의미는 무엇인가? 마르크스는 아담 스미스를 따라, 각 상품 속의 사용가치와 교환가치, 즉 상품의 유용성과 다른 상품과의 교환 능력을 구분한다. 전자는 양적으로 측정될 수 없는 반면 다른 상품과의 교환 능력인 후자는 양적으로 측정될 수 있다. 모든 상품은 어떤 사용가치, 즉 인간의 욕구를 충족시킬 수 있는 능력을 지닌다. 그것이 없으면 상품은 팔릴 수 없을 것이고 따라서 생산되지 않을 것이다. 그러나 모든 사용가치가 상품인 것은 아니다. 자연적으로 생산되며, 자유로이 사용할 수 있거나 시장에서 화폐와 교환되지 않는 사용가치들은 아무런 교환가치를 지니지 않는다(예를 들어 햇빛, 공기, 개방된 장소, 야생 과일들, 개인 용도를 위한 생산물, 친척이나 친구를 위한 생산물 등).

교환가치는 대상물 사이의 등가관계를 체현하고 있다. 이 관계는 특정한 속성들을 지녀야 하는데, 이 속성들은 일상생활 속에서, 특히 시장에서, 그리고 단순하든 복잡하든 간에 상업적 계산에서 우리에게 잘 알려져 있는 것들이다. 만약 x가 y와 교환된다면(즉 $x{\sim}y$라면), $2x{\sim}2y$다. 또 $u{\sim}v$라면 (u와 x) $\sim$ (v와 y)다 등등. 그런데 예를 들어 무게나 부피처럼, 이러한 속성들을 만족시키는 관계들은 무수히 많다. 마르크스가 대답하고자 하는 질문은 다음과 같은 것이다. 어떤 사회적 관계가 (우연이 아니라) 체계적인 시장교환을 위한 기초를 제공하며, 더 일반적으로 말해서 특정한 역사적 조건하에서 사회적 재생산을 위한 기초를 제공해 주는가? 교환에서 상품들을 등가물로 만드는 것은 무엇인가? 무게나 부피의 경우에 등가성은 물리적이거나 자연적인 속성들, 다시 말해서 질량과 크기라는 속성들에 각각 기인한다. 이 속성들은 그것들의 측정 여부에 관계없이 존재한다. 그런데 모든 상품들은 자신에게 사용가치를 부여하는 고유한 물리적 속성들로 구분되지만(나머지 부분은 소비나 이용 문화에서 기인한다) 상품의 교환가치는 이러한 속성들과 관련이 없다. 위에서 이미 언급한 것처럼, 가장 유용한 것들인 공기, 햇빛, 물 등은 교환가치가 거의 없거나 전혀 없다. 석기시대의 석기도 마찬가지였는데, 당시에는 교환 자체가 거의 없거나 전혀 없었기 때문이다. 그렇다면 교환관계를 창출하는 것은 재화들 사이의 물리적 관계가 아니라 역사적으로 특수한 사회적 관계들, 그중에서도 특히 시장을 위해 사용가치의 생산이 조직되는 방식이다. 무엇보다도 시장이 어떤 의미에서는 불완전하기 때문에 주류 경제학도 교환의 효율성을 위한 제도들이나 기타 문제들을 받아들임으로써 최근에 이 점에 주목하기 시작했다. 그러나 이것은 논쟁을 잘못 이끄는 것이다. 제도들을 시장에 대한 대응으로 검토하기 이전에 먼저 시장 그 자체가 (일종의 '제도'나 다른 무엇으로서든) 설명돼야 한다. 더 깊은 수준에서는, 시장이란 그 자체가 단순한 중립적 교환 메커니즘이 아니라 근본적으로 시장을 지탱해 주는 사회관계를 반영한다.

이러한 이유로 마르크스는 사용가치로서 상품들 사이의 등가성에는 그러한 상품생산자들 사이의 어떤 양적이자 질적인 관계가 놓여 있다는 점을 시사한다. 왜냐하면 전 역사에 걸쳐 사람들이 그들의 노동을 통해 삶을 유지해 왔다는 사실이 마르크스에게는 자명하기 때문이다. 모든 사람이 일하기를 멈춘다면 며칠 이상 존속할 수 있는 사회는 없을 것이다. 나아가 가장 단순한 사회들을 제외하면, 일하지 않고 다른 사람들의 노동으로 살아가는 사람들이 항상 존재해 왔다. 그러나 인간 노동(또는 그 생산물)을 타인이 전유하는 것은 사회마다 각기 다른 형태를 띠고 각기 다른 방식으로 정당화된다. 봉건제에서는 생산물들이 봉건적 권리나 신권적 권리로 정당화되는 직접적 전유를 통해 배분된다. 자본주의에서는 노동생산물들이 일반적으로 상품형태를 취하며, 자유로운 시장교환을 통해 분배된다. 어떻게 하여 이러한 자유를 통해 한 계급이 다른 계급의 노동을 전유하게 되는지는 제3장에서 다룰 것이다. 잠시 동안 우리는 교환관계의 본질에 관심을 집중하기로 하자. 상품생산 사회의 생산과 노동에 고유한 특성은 무엇인가?

이 물음에 답하기 위해 마르크스는 대담하면서도 논쟁의 여지가 있는 발걸음을 내딛는다. 그는 상품이란 것을 교환을 위해 노동을 통해 생산되는 사용가치라고 정의한다. 이 정의가 뜻하는 바는 심지어 시장에서 교환되는 모든 것이 상품은 아니라는 점이다. 뇌물이나 간헐적으로 판매되는 중고품이 비록 각자 나름의 방식대로 어떤 가격을 갖지만(즉, 상품형태를 취하지만), 그 경우에 이런 주장은 쉽게 이해될 것이다. 그러나 부분적으로 예상할 수 있듯이, 마르크스에게 이것들은 사회적 재생산에 아무런 중요한 구실도 하지 못하는 우연적 현상에 불과하다. 이것들은 상품생산 일반, 특히 자본주의의 상품생산 문제를 다룰 때 인과적으로나 분석적으로 사상할 수 있다. 따라서 모든 상품들이 공통으로 지닌 근본 속성은 노동생산물이라는 점이다. 동일한 맥락에서, 상품사회에서 특정한 사용가치를 생산하는 구체적 노동은 시장을 통해, 즉 생산물과 화폐의 교환을 매개로 다른 구체적 노동과 서로 연결돼 있다.

이 교환관계는 질적이고 비인격적인 사회적 관계다. 예를 들어 우리가 상품을 살 때, 누가 어떻게 그 상품들을 생산했는지 전혀 모르는 경우가 일반적이다. 왜냐하면 상품생산은 작업장 내에서 그리고 서로 다른 작업장 사이에서 노동 분업을 필요로 하기 때문이다. 작업장에서 서로 다른 노동들이 행해지고 결합되며, 비록 간접적 방식이긴 하지만 시장을 통해 평가된다. 이와 같은 사회적 과정이 노동가치론의 토대다. 이런 사회적 과정은 상품들을 생산하는 데 사회적으로 (개별적으로가 아니라) 필요한 노동시간의 관점에서 교환을 분석하는 것을 통해 이론적으로 손쉽게 양적으로 표현할 수 있는 관계들을 내포하고 있다. 예를 들어 셔츠 한 벌을 바느질하는 데 필요한 노동시간의 양과 빵 한 덩어리를 굽는 데 필요한 노동시간의 양을 비교하는 것처럼 말이다. 더 중요하게는 이 노동시간들이 기술적 변화나 다른 변화들을 통해 어떻게 결정되고 수정되는가 하는 점이다. 노동가치론은 형이상학적 개념이 아니다. 왜냐하면 노동가치론은 자본주의에서 물질생활의 본질적 측면, 즉 생산이 어떻게 조직되고 시장과 연결돼 있는지 그리고 사회적 노동생산물들이 어떻게 사회 내에서 전유되고 분배되는지를 분석적으로 포착하기 때문이다.

마르크스는 자본주의 사회에서 생산물들이 전형적으로 상품형태를 취하며 생산의 목적이 직접 사용보다는 주로 이윤을 위한 교환이라는 점을 인식하고 있다. 자본주의는 사회적 사용가치, 즉 시장의 익명성 때문에 알려져 있지 않은 타인을 위한 사용가치를 생산하는 것이 목적인 체제다. 사회적 사용가치의 생산, 시장교환, 이윤 추구는 서로 밀접히 연결돼 있다. 그러나 생산물들이 사회적 사용가치(시장을 통해 만나는 익명의 개인들을 위한 생산)를 구현하고 있듯이, 생산물들은 추상적인 사회적 노동(노동시장을 통해 고용되며 상호 경쟁하는 기업들 내에서 훈련되는 익명의 임금노동자들)으로 창출된다(이때 기업들 사이의 경쟁은 이윤이라는 절대명령과 외부적으로는 금융 체계와 주식시장을 통해 추동된다). 자본주의 사회에서 구체적 노동생산물들은 사회적 추상노동으로 간주된다. 이런 맥락에서 볼 때, 교환은 구체적 노동의 질이나 유형이 아니라 상품 가격으로 표현된 추상적 노동의 양에만 관심이 있다. 교환과정에서 당신이 얼마만큼 지불해야 할지를 결정하는 것은 당신이 원하는 사용가치가 아니라 — 그 노동시간을 지출한 것이 제빵사, 재봉사, 페인트공이나 컴퓨터 프로그래머인가가 아니라 — 얼마만큼의 추상적(개별적이고 구체적인 것이 아닌 사회적으로 필요한) 노동시간이 지출됐는가이다.

이것은 상품들이 그 가치대로, 즉 그것들을 생산하는 사회적 필요 노동시간에 따라 실제로 교환된다는 것을 의미하는 것은 아니다. 사회적 필요 노동시간은 직접적인 (산) 노동과 간접적인 (죽은) 노동을 모두 포함한다. 후자는 생산수단, 즉 원료, 기계, 공장 건물 등을 생산하는 데 필요한 노동시간이다. 시장가격은 자본-노동 비율, 희소성, 숙련도, 독점, 취향, 수요공급의 우연적 변동 등에 영향을 받을 것이다. 이러한 부차적 요인들의 영향은 1870년대의 신고전학파 혁명 이래 정통파 경제학자들의 주된 연구대상이 돼 왔다. 그러나 수학적 정밀성의 증대를 제외하면 1770년대 아담 스미스의 사상에서 진전된 것이 거의 없다. 마르크스가 그러한 요인들을 무시한 것은 아니지만, 그러한 요인들은 자본주의의 고유한 사회적 생산관계를 규명하는 것과는 관계가 없다. 만약 상품들이 그 가치대로 교환된다는 가정 하에서 이러한 규명을 이룰 수 없다면 상품들이 그 가치대로 교환되지 않는 더 복잡한 상황에서는 그것은 더 불가능할 것이다. 다른 언급이 없는 한 이 책 전체에서 상품들은 그 가치대로 교환된다고 가정한다. 이것은 완성된 가격이론이 아니라 가격체계의 성격을 이해하려는 시도로 간주돼야 한다.

그래서 이윤을 위한 일반화된 상품생산으로서 자본주의는 사회적 사용가치들의 생산과 구체적 노동생산물들의 교환이 특징이다. 이 구

체적 노동들은 사회적 추상노동으로서 존재하며 가치 형성에 기여한
다. 방법론적으로 이것은 가치라는 개념에 대한 분석적 시도는 아니
다. 이것은 시장 체제가 **실제로 수행하는** 것을 단순히 반영하는 것에
불과하다. 시장 체제는 구체적 노동들을 서로 연결시키고 그것들을 평
가한다. 마르크스는 실제 세계와 유리되고 온갖 종류의 자의적인 가정
들이 필요한 지적 구조물을 자신의 가치개념의 기초로 삼지 않았다.
오히려 그의 주장은 모든 형태의 노동들을 공통의 기준으로 환원하는
것이야말로 자본주의 실제 세계의 산물이라는 사실에 기초하고 있다.
무엇보다도, 마르크스의 노동가치론은 자본주의가 사회적 재생산에
필요한 재화들과 서비스들을 생산하는 실제 조직 방식을 사유 속에서
재생산한다. 그의 노동가치론은 사용가치로서 상품들의 관계(상대 가
격)가 배후에 존재하는 생산자들 사이의 사회관계의 결과이며, 그 사
회적 관계는 서로 다른 구체적 노동들의 등가물을 사회적 추상노동으
로 표현하고 있다는 점을 인식한다. 중요한 것은 교환, 가격, 가치 사
이의 관계가 순전히 양적인 관계만은 아니며 심지어 양적 관계가 주된
것도 아니라는 점이다. 그 관계는 생산·분배·교환의 사회관계를 반영
한다. 바로 이 점들을 이해하지 않으면 안 된다.

노동과 노동력

앞 절에서 우리는 자본주의 사회에서 서로 다른 형태의 노동생산
물이 교환되는 것은 상품들의 교환을 통해서 이뤄진다는 것을 살펴봤
다. 이 교환은 자본주의 이외의 사회에서도 이뤄질 수 있을 것이다.

예컨대 독립수공업자들로 구성된 사회도 그들의 생산물들을 교환할 수 있으며, 이것을 종종 단순상품생산이라고 부른다. 그러나 단순상품생산은 하나의 논리적 가능성일 뿐 역사적으로 지배적 생산양식은 아니었다. 자본주의를 특징짓는 것은 독립적 생산자들의 생산물 교환이 아니라 노동자들이 노동 능력을 매매하는 것과 이윤을 위한 상품생산에서 노동 능력을 사용하는 것이다.

마르크스는 노동자들과 그들의 노동 능력을 구분하기 위해 후자를 **노동력**이라 부르고 그것의 실행이나 적용을 **노동**이라 불렀다. 자본주의를 다른 사회와 구분하는 가장 중요한 특징은 노동력이 하나의 상품이 된다는 점이다. 자본가는 구매자이며 노동자는 판매자이고, 노동력의 가격은 임금이다. 노동자가 자본가에게 노동력을 팔면, 자본가는 특정한 상품들을 생산하기 위한 노동으로서 그 노동력을 어떻게 사용할지를 결정한다. 상품으로서 노동력의 사용가치는 다른 사용가치들을 창출하는 데 있다. 이 속성은 생산이 수행되는 특정한 사회와 무관하다. 그런데 자본주의 사회에서 사용가치는 판매를 위해 생산되고, 따라서 추상적 노동시간, 즉 가치를 갖는다. 자본주의 사회에서 노동력 상품은 노동으로 사용될 때 가치의 원천이 되는 특수한 사용가치를 또한 갖는다. 이 점에서 노동력을 대신할 수 있는 것은 없다.

그러므로 노동자는 통상적 의미의 노예는 아니다. 노동력은 다른 상품들처럼 사고 팔리지만, 노동자가 노동력을 소유하고 판매한다. 또한 판매가 이뤄지거나 형식적으로 계약이 체결되는 시간의 길이는 때때로 매우 짧다. 그러나 다른 많은 측면에서 노동자는 노예와 유사하다. 노동과정이나 생산물에 대한 통제를 거의 또는 전혀 하지 못하기 때문이다. 노동력 판매를 거부할 수 있는 자유가 있지만, 이것은 부분적인 자유일 뿐이다. 노동력을 판매하지 않는다면 굶주림이나 사회적 지위 하락에 봉착하기 때문이다. 노예 역시 비록 처벌의 강도와 양상이 다양하긴 하지만 도망치거나 작업을 거부할 수 있다고 주장할 수도 있을 것이다. 이러한 이유들 때문에 자본주의의 노동자들은 임금노예들로 묘사돼 왔다. 그러나 이 용어는 모순적이다. 당신은 노예이면서 동시에 임금노동자일 수 없다. 노예는 노동자들이 누리는 자유가 없다.

노동자 계급의 반대쪽에는 자본가 계급이 있다. 자본가 계급은 임금 지불에 대한 통제권, 도구와 원료, 즉 생산수단에 대한 소유권을 통해 노동자와 노동생산물을 지배한다. 이것이 자본주의의 고유한 소유관계의 핵심이다. 왜냐하면 위에서 말한 것처럼 생산수단에 대한 자본가의 독점이 노동자를 임금 관계에 얽어매기 때문이다. 노동자들이 임금계약과 무관하게 생산수단을 소유하거나 그 사용권을 보유하고 있다면 시장에 생산물이 아니라 노동력을 판매할 필요가 없을 것이고, 따라서 생산 과정이나 그 바깥, 즉 사회에서 자본가의 지배를 받아들일 필요도 없을 것이다.

지금까지 본 것처럼, 노동가치론은 교환을 통해 확립되는 노동생산물의 분배관계를 포착할 뿐만 아니라, 일단 노동과 노동력의 구분이 이뤄질 경우, 자본주의의 고유한 더 근본적인 생산관계를 담고 있다. 노동력과 화폐의 사회적 교환은 시장을 통한 노동생산물들의 교환과 더불어, 한편으로 자본가 계급의 생산수단 독점과 다른 한편으로 생산수단에 직접 접근하는 것이 불가능한 임금노동자 계급의 존재를 전제하고 있다(6장 참조). 이와 같이 결정적으로 중요한 노동과 노동력의 구분이 주류 경제학에서는 전혀 이뤄지지 않고 있다는 사실은 놀라운 일이 아니다. 주류 경제학은 요소 투입물과 산출물이라는 '중립적' 용어를 사용한다. 이 용어법은 노동 투입물과 자본 투입물이 동일한 방식으로 생산과정에 기여한다는 것을 시사한다. 그리하여 노동자들은 '인적자본'으로 개념화돼 물적 투입물의 지위로 전락한다. 마찬가지로 '자본'도 역사적으로 특수한 계급관계로 취급되는 것이 아니라 물적 투입물의 지위로 전락한다.

상품 물신주의

마르크스는 생산된 사용가치들의 교환은 이 상품들을 생산한 노동들의 사회적 조직화를 반영한다는 점을 파악했다. 그러나 그와 동시대의 많은 경제학자들과 거의 모든 후대의 경제학자들에게, 노동자들과 그들의 노동생산물 사이의 관계는 단순히 사물들 사이의 관계로만 남아 있다. 즉 x 덩어리의 빵 = 1벌의 셔츠나 1주일의 노동은 얼마만큼의 생활수준(임금재 묶음)의 가치가 있다는 등의 형태로만 인식될 뿐이다. 따라서 자본주의는 생산을 자본가와 노동자 사이의 특정한 관계 속에서 조직하는 반면에, 이러한 관계들은 부분적으로 사물들 사이의 관계들로 표현되고 나타난다. 이 사회적 관계들은 화폐가 고려 대상으로 들어올 때 더욱 신비화된다. 이제 모든 것은 가격과 관련해 분석된다. 마르크스는 자본주의 세계에 대한 이러한 시각을 **상품 물신주의**라고 불렀다. 상품 물신주의는 현대 경제학에서 극명하게 나타나는데,

거기서는 노동력조차도 다른 것과 마찬가지로 하나의 투입물이나 생산요소로 취급된다. 요소에 대한 보수들은 무엇보다 먼저 투입물들의 물리적 속성들에 기인하는 것으로 간주된다. 마치 이윤이나 지대가 특정한 관계들 속에 함께 존재하는 사람들과 사회가 아니라 기계나 토지가 생산하는 것처럼 간주된다.

마르크스는 상품 물신주의와 중세의 종교적 헌신의 유사성을 날카롭게 지적했다. 신은 인간 자신이 만든 창조물이다. 봉건제에서 신과 인간의 관계는 인간들 사이의 실제 관계를 은폐하고 정당화한다. 후자의 관계는 부르주아(자본가)의 마음속에서 나타나는 것처럼, 착취라는 부조리한 예속이다. 그러나 자본주의는 그 자신의 신과 성경을 갖고 있다. 사물들 간의 교환관계 역시 사람들이 처음으로 만들었지만, 진정한 착취관계를 은폐하고 교환의 자유라는 교리로 이것을 정당화한다.

그러나 종교적 물신주의와 상품 물신주의 사이에는 중요한 차이점이 있다. 왜냐하면 신은 종교의 창조물인데 반해 상품들은 실제로 존재하기 때문이다. 나아가 상품들의 교환은 실제의 사회적 생산관계를 부분적으로 표현함과 동시에 은폐하기 때문이다(1장 참조). 이와 비슷하게, 가격체계는 실제로 존재하며 더 광범한 사회경제 체제와 연결돼 있지만 그 체제의 성격을 투명하게 드러내지는 않는다. 특히 상품의 구매와 판매는 그것들이 시장에까지 오게 된 상황들이나 자본가 계급이 직접 생산자들인 노동자들을 착취하는 것을 드러내지 않는다. 이러한 연유로 마르크스는 생산과 착취의 계급관계를 통해 결정되는 가치체계로서 가격들을 강조하고 있다. 그러나 이때 상품형태 때문에 신비화되는 것은 단지 계급과 생산관계들만이 아니라는 점을 강조할 필요가 있다. 오직 시장에서 생산으로 되짚어 추적함으로써만 우리는 광고의 장막을 뚫고 생산물들이, 예컨대 환경친화적('유기적')인지 또는 아동노동 착취에서 자유로운지 알 수 있다.

이러한 견지에서 상품 물신주의는 소외나 물화(reification) 이론의 기초가 될 수 있다. 노동자들은 생산물들과 그 생산과정에 대한 통제에서 분리돼 있을 뿐 아니라 이러한 상황에 대한 그들의 인식 또한 통상적으로 왜곡되거나 기껏해야 부분적이다. 한편 자본가들은 경쟁과 수익성의 요구 때문에 사회적 통제에 예속돼 있다. 자본가와 노동자 양쪽 모두에게 자본주의의 고유한 사회적 생산관계들과 그 효과가 아니라 어떤 외부적 힘들이 이러한 통제를 수행하는 것처럼 보인다. 다시 한 번 이 말이 진실이라는 것은 단번에 알 수 있다. 예를 들어 일자리 감소나 파산은 기계 고장, 소비자 선호의 변화, 국제적 경쟁, 모종의 원인에 의한 경제위기 같은 어떤 사건이나 비인격적 힘의 탓으로 돌릴 수 있다. 최근에는 '세계화'가 현대 자본주의의 좋은 일이든 나쁜 일이든 모든 것을 설명할 수 있는 포괄적이고 거의 종교적인 용어로 이해돼 왔다(14장 참조). 그러나 경쟁, 경제위기, 세계화 등에 분석적이고 해설적인 생명력을 불어넣고 신비주의를 넘어서기 위해서는, 자본주의적 생산을 지탱하고 있는 사회적 관계들의 효과를 신비화하는 것이 아니라 그 관계들을 확실히 이해하는 것에서 출발해야 한다.

종교적 물신주의와 상품 물신주의의 구분은 단순히 이론적인 것만은 아니다. 종교적 물신주의는 그 비현실적 기원 때문에 적어도 이론상으로는 쉽게 기각할 수 있다. 비록 실제 현실 속에서는 우리의 일상생활에서 그것에 상당한 힘과 영향력을 주는 물질적 힘과 실천들로 지탱될 수 있지만 말이다. 이와 대조적으로, 가격체계는 그것을 아무리 잘 이해했다 할지라도 주변적 예외나 실패하기 쉬운 자급자족의 시도 등을 제외하면, 의지적 행위로 없애 버리는 것은 불가능하다. 그 결과 여기서 다시 한 번 종교적 물신주의와의 유사성이 등장한다. 근저에 있는 자본주의적 현실들은 때때로 일상적 실천들과 그것에 대한 반성을 통해 포착돼, 물질적·이데올로기적 투쟁의 주제가 된다. 한편으로 이윤·이자·지대의 존재는 자본주의가 착취에 기초하고 있음을 시사한다. 다른 한편으로 실업, 경제위기, 만연한 불평등, 환경 파괴 등은 온유한 자가 현 세상과 죽은 후 천국의 보물을 차지할 수 없다는 것만큼 자명하다.

이러한 논의는 마르크스주의 내부와 사회과학 전반 그리고 일반적으로 정치 지형 내에서 서로 밀접히 연관돼 있고 뜨겁게 논쟁된 두 가지 문제를 제기한다. 첫째는 자본주의와 관련된 다양한 경험적 결과들을 어떻게 순서를 매길 것인가에 관한 방법론적이고 분석적인 물음이다. 우리는 불평등을 계급과 무관하게 다루거나, 빈곤을 경제적 억압과 기타 형태의 억압에서 따로 떼어서 다루거나, 성장을 위기와 분리해서 다룰 수 있는가? 둘째로, 그러한 조건들은 어느 정도로 자본주의의 고유한 풍토병적인 것이며, 어느 정도로 자본주의 내에서 개혁이 가능한가? 왜냐하면 이것은 단순히 정치경제학의 서로 다른 범주들 사이의 논리적 연관, 예컨대 가치와 가격의 논리적 연관의 문제에 불과한 것이 아니기 때문이다. 마르크스의 지지자들과 반대자들이 모두 인

정하는 《자본론》의 강점들 중 하나는, 자본주의의 체계적 성격과 그
것의 본질적 모습에 초점을 뒀다는 점이다. 동일한 맥락에서, 사회주
의를 향한 더 광범한 전략의 일부로서가 아닌 개혁주의에 대한 마르크
스주의의 혐오는 자본주의 틀 내에서 이루어진 개혁의 불가피한 한계
에 근거한다. 이러한 문제들과 관련해서는 방법론, 이론, 개혁주의 정
치에 대한 논쟁의 여지가 마르크스주의의 안팎에 많이 남아 있다.

이러한 관점은 마르크스의 지적 발전을 이해하는 데 도움을 준다.
왜냐하면 후반기의 상품 물신주의 개념은 그의 초반기인 1844년의 저
작과 연결고리를 이루고 있기 때문이다. 당시에 그는 헤겔주의 관념론
과 결별하고 유물론 철학을 채택하는 과정에서 소외 이론을 전개했다.
이 소외 이론은 개인과 그의 신체적·지적 활동, 유적 존재와의 관계
그리고 이 과정들에 대한 의식을 집중적으로 다뤘다. 마르크스는 광범
한 경제학 연구를 수행한 뒤 《자본론》에서 자본주의 사회가 개인에
게 가하는 강제적 힘들을 분명하게 파악할 수 있었다. 이 강제적 힘들
이란 수익성과 임금노동의 강요일 수도 있고, 이 힘들을 이데올로기적
으로 정당화하는 더 세련된 왜곡들 — 예컨대 금욕, 노동윤리, 교환의
자유, 상품 물신주의의 다른 측면들 — 일 수도 있다. 다른 소외 이론들
과 달리 마르크스주의 이론은 개인을 특정한 계급 위치에 놓고 그 위
치에서 생겨나는 인식을 분석한다. 무엇보다 먼저, 각 개인은 설명되
지 않은 — 불합리한, 비인격적인, 불평등한, 전체주의적인, 관료주의
적인 등 — 체제 속의 무력한 개인으로 간주되지 않는다. 그런 현상들
은 특정한 시기의 자본주의 안에서 그 나름의 특성과 기능을 갖고 있
다. 그것들은 오직 전체로서만, 즉 자본주의의 작동이라는 관점에서

개인들과 맺는 관련하에서만 이해될 수 있다. 구체적인 것들은 다음 장들에서 설명할 것이다.

토의주제와 추가 독서 목록

마르크스의 가치론은 옹호자들과 반대자들 양편에게 모두 격렬한 논쟁거리다. 논쟁을 평가하는 데서 중요한 출발점은 리카도와 마르크스의 접근법을 구분하는 것이다. 많은 사람들이 두 접근법을 **동일한** 노동가치론으로 잘못 파악한다. 리카도는 단순히 노동시간이 가격을 설명할 수 있다고 상정할 뿐, 왜 생산물들이 상품형태를 취하는지를 규명하지 않는다. 후자의 질문이 바로 마르크스의 출발점이며, 그의 접근법에서 하나의 범주로서 가치를 정당화한다. 왜냐하면 사회 그 자체가 자본주의적 생산과정, 기계의 사용과 시장을 통해 (구체적) 노동시간들의 질적·양적 비교를 수행하기 때문이다. 이 점에 관해서는 특히 제프리 필링(1980)과 벤 파인(1986), 제시 슈바르츠(1977, 5부)의 기여를 참조하라.

마르크스의 가치론은 그의 성숙기 저작들에서 광범하게 논의되고 있다. 특히 마르크스(1976, 1부, 1987)를 참조하라. 그의 가치론에 대한 요약된 개관과 함의에 대해서는 마르크스(1981a, 7부, 1998)를 참조하라. 또 프리드리히 엥겔스(1998, 2부)를 참조하라. 이 장에서 소개된 해석에 대해서는 벤 파인(1980, 6장, 2001a, 2002, 3장)과 알프레도 새드-필호(2003)를 참조하라. 이와 유사한 견해로는 다이앤 엘슨(1979), 던컨 폴리(1986, 2장), 데이비드 하비(1999, 1장), 모세 포스톤(1993),

존 윅스(1981, 1~2장, 1990)를 참조하라. 던컨 폴리(2000), 알프레도 새드-필호(1997a, 2002, 2장), 사이먼 모훈(1995)은 마르크스의 가치론에 대한 대안적 해석들을 비판적으로 개관하고 있다.

제3장
자본과 착취

앞장에서 우리는 자본주의에서 전형적인 상품으로서의 사용가치 생산이 생산자들 사이의 관계인 사회적 생산관계를 은폐하고 대신에 사물들 사이의 관계인 교환에 초점을 맞추는 경향이 있다는 것을 봤다. 그러나 단순상품생산이 논리적으로 보여 주는 것처럼, 그리고 교역의 역사가 현실에서 보여 주는 것처럼, 교환 그 자체는 자본주의 이외의 사회에서도 존재할 수 있고 실제로 존재했다. 자본주의가 특정 사회의 지배적 생산양식이 되는 것은 오직 노동력이 상품이 되고 임금노동자들이 정기적으로 고용돼 이윤을 위해 판매를 목적으로 상품들을 생산할 때뿐이다. 이 장에서는 노동자와 자본가의 관점에서 교환을 검토함으로써 왜 자본주의가 하나의 상품생산체제일 뿐 아니라 더 중요하게는 하나의 임금노동체제인지를 보일 것이다.

교환

단순한 물물교환(이것은 극히 제한된 역사적 현상이다)을 넘어서면 교환에 필수적인 것은 화폐다. 화폐의 기능들에 관해서는 문헌 속에 잘 설명돼 있다. 화폐는 가치척도이며, 가격의 기준(계산단위)이고, 지불이나 교환의 수단임과 동시에 가치저장 수단이다. 지불수단으로서 화폐는 바로 지불하거나 아니면 늦게 지불하든 간에 거래를 성사시킴으로써 교환과정을 매개한다(이런 용도가 어느 때는 가치저장 수단으로서 화폐의 용도와 충돌할 수 있는데, 이 점은 공황이 발생할 때 중요하다).

우선 한 가지 일반적인 문제를 생각해 보자. 어떤 사람이 상품 하나를 가지고 있는데 무슨 이유에선가 다른 것과 바꾸고 싶어 한다고 하자. 첫째로, 그 상품(C)이 화폐(M)와 교환돼야 한다. 이 판매는 C—M으로 표시된다. 둘째로, 획득한 화폐가 바라던 상품과 교환된다. 이 구매는 M—C로 표시된다. C—M과 M—C 두 경우 모두 상품의 가치는 시장에서 실현된다. 판매자는 화폐를 얻고 구매자는 특정한 사용가치를 얻는다. 그렇게 얻은 사용가치는 소비나 생산에 이용될 수 있다. 일반적으로 상품들이 판매되는 것은 다른 상품들을 구매하기 위해서다. 이것은 C—M—C, 즉 상품순환으로 표시할 수 있다. 상품순환의 양극은 C로 표시되는데, 그 까닭은 양극이 상품형태를 취하고 있고 동일한 가치를 갖고 있기 때문이지, 그것들이 동일한 사물이기 때문은 아니다. 상품 투기 활동을 논외로 하면, 실제로 양극은 동일한 사물이 될 수 없는데 그럴 경우 교환의 목적 전체가 좌절된다.

우리는 두 상품이 동일한 가치를 갖는다고 전제했는데, 왜냐하면 상품유통(교환) 그 자체로는 교환되는 재화나 서비스에 가치를 부가할 수 없기 때문이다. 예를 들면 약탈적 교역자들이나 투기자들의 경우처럼, 일부 판매자들은 상품들을 가치 이상으로 판매함으로써 이윤을 얻을 수도 있다(부등가 교환). 그러나 이것은 모든 판매자들에게 가능할 수는 없다. 왜냐하면 한쪽이 교환에서 얻은 가치는 다른 쪽의 손실이 돼야 하기 때문이다. 이러한 관점에서 단순상품교환은 그림 3-1처럼 요약된다.

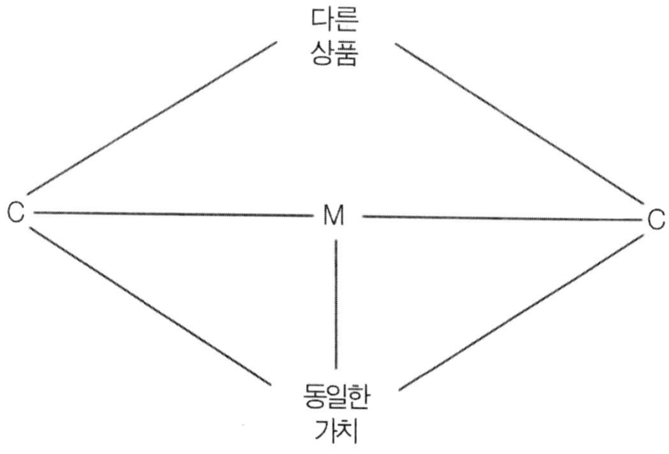

그림 3-1 단순상품교환 : 구매를 위한 판매

자본주의에서 단순상품교환은 전형적으로 한 노동자나 한 자본가에게서 시작될 수 있다. 노동자가 판매할 수 있는 유일한 상품은 자신의 노동력(C)이다. 이 노동력이 임금(M)과 교환되고 다시 이 화폐가 임금재(C)와 교환된다. 다른 한편, 상품의 판매 C－M를 자본가가 수행할 수도 있다. 이것은 개인적 소비를 위해서일 수도 있고, 노동력, 원료, 기계 등을 구입해서 생산을 재개하기 위해서일 수도 있다.

자본

　상품 판매에서 시작하는 단순한 교환과 대조적으로, 자본주의적 생산은 두 가지 형태의 상품 구매에서 출발해야 한다. 이 상품들은 생산수단(생산과정에 들어가는 투입물, 기계, 여분의 부품, 연료, 전기 등)과 노동력이다. 노동력의 구매를 위한 필요조건은 이 상품을 판매하고자 하는 노동자들의 의지다. '교환의 자유' 행사라는 이 의지는 노동자들에게 강요된다. 왜냐하면 그들은 자신들의 소비욕구를 충족시킬 다른 방법이 없기 때문이다. 한편으로, 노동력의 판매는 노동할 수 있는 조건이 된다. 왜냐하면 노동자들은 그 방법 외에는 자본가들이 독점하고 있는 생산수단에 접근할 길이 없기 때문이다. 다른 한편으로 노동력의 판매는 소비를 위해서도 필요하다. 그것이 노동자들이 지속적으로 판매할 수 있는 유일한 상품이기 때문이다(2장과 6장 참조).

　자본가는 생산수단과 노동력을 모은 후(M－C) 생산과정을 조직하고 감독해, 그 결과물을 판매한다(C－M). 후자(C－M)의 경우에선(線)은 상품 투입물이 화폐로 전환될 때 생산의 개입을 은폐하고 있다(4장 참조). 잠정적으로 우리는 자본가의 교환 활동을 M－C－M'로 표시할 수 있다. 앞 절에서 논의한 단순상품교환 C－M－C와 대조적으로, 자본주의적 상품순환은 상품이 아니라 화폐에서 시작하고 화폐로 끝난다. 이제 양극에는 동일한 사물인 화폐가 있다. 단순상품교환(C－M－C)의 양극에는 상이한 사용가치를 가진 상품들이 있었다. 이러한 형태의 교환 활동을 체계적으로 수행하는 유일한 목적은 서로 다른 사용가치들이 아니라 더 많은 가치를 얻는 것임이 자명하다

(더 적은 가치가 목표라면 거래 교섭을 할 필요 없이 화폐를 그냥 내던져 버리면 될 것이다). 교환의 목표가 가치를 확대하는 데 있으므로 M'은 M보다 수적으로 커야 한다. 이 M'와 M의 차이를 잉여가치라 하며 s로 표기하자. 자본주의적 교환은 그림 3-2에 요약돼 있다.

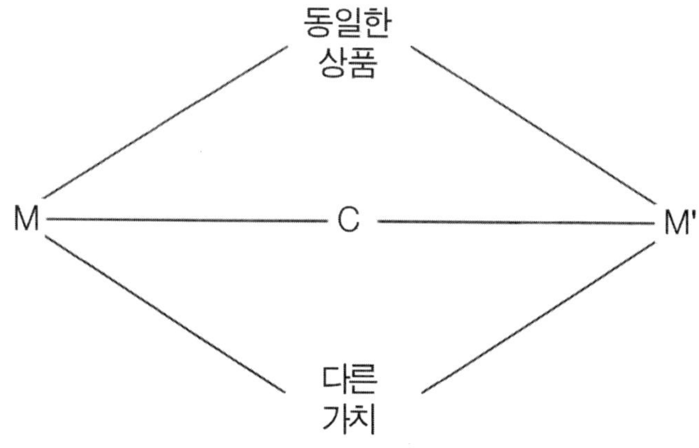

그림 3-2 자본주의적 교환 : 더 비싸게 판매하기 위한 구매(그림 3-1과 비교)

마르크스는 자본이란 자기 증식하는 가치라고 지적했다. 화폐가 자본으로 활동하는 경우는 오직 그것이 더 많은 화폐를 낳기 위해 사용될 때, 더 정확히 말하자면 그것이 잉여가치의 생산에 이용될 때뿐이다. 이러한 자본의 본성에 대한 기초적 이해는 자본 그 자체를 자본이 취하는 다양한 특정 형태들과 화폐, 요소 투입물, 상품 등 자본의 형태들이 수행하는 기능들과 구별할 수 있게 해 준다. 이 형태들은 오직 그것이 선대된 가치의 확대에 직접 기여하는 경우에 한해서 자본이다. 그런 경우에만 화폐는 자본으로 기능할 뿐 아니라, 지불수단, 교환가치의 저장수단, 생산수단 등의 특수한 기능도 수행한다.

지금까지 우리는 산업 자본가들의 활동을 통해 자본을 설명해 왔다(산업 자본가들의 활동에는 제조업 자본뿐 아니라 서비스의 제공과 잉여가치를 생산하는 다른 활동들도 포함된다). 그러나 다른 형태의 자본들도 있는데, 상업자본과 대부자본이다. 둘 모두 더 비싸게 판매하기 위해 (생산수단이 아니라 상품과 금융자산을) 구매함으로써 가치를 확대한다. 양자는 역사적으로 산업자본보다 먼저 나타난다. 자본주의를 추상적으로 그리고 그 순수한 형태로 분석하기 위해 역사적 출현의 순서를 전도시킨 것은 마르크스의 통찰력이었다. 그렇게 함으로써 마르크스는 임금 관계와 (잉여)가치의 생산에 분석을 집중하고, 가치를 이전하는 것에 불과한 상업과 대부를 포함한 교환의 여러 형태들과 관계들을 도입할 때 필연적으로 생기는 복잡성을 피할 수 있었다(이들 자본형태에 대한 상세한 분석은 11장, 12장 참조).

잉여가치와 착취

약간 이상할지는 모르지만, 대부분의 경제학자들은 자본을 자기 증식하는 가치로 특징짓는 것에 대해 논쟁의 여지가 없는 것으로 생각할 것이다. 그림 3-2를 (그림 3-1과 비교해서) 다시 보자. 분명히 M과 M′는 다른 가치를 갖지만 M과 C는 동일한 가치를 갖는다. 이것은 C—M′의 운동 속에서 여분의 가치가 창출됐음을 시사한다. 이 부가된

(잉여)가치는 투입물 가치와 산출물 가치의 차이와 수적으로 같다. 잉여가치(그 화폐형태로는 이윤)의 존재는 자명하다. 왜냐하면 이것이야말로 자본주의적 생산의 추동력이고, M − C − M'은 분명히 자본주의적 생산의 일반형태이기 때문이다. 문제는 잉여가치의 **원천**에 대한 설명을 제시하는 일이다.

위에서 교환은 가치를 창출하지 않음을 보였으므로 그 원천은 이미 생산 속에 있다. 따라서 자본가가 구매하는 상품들 가운데 그 비용보다 더 많은 가치를 창출하는 하나나 그 이상의 상품이 있어야만 한다. 바꿔 말하면, 잉여가치 생산을 위해서는 적어도 하나의 상품이 그것을 투입물로서 생산하는 데 드는 비용보다 더 많은 노동시간(가치)을 산출물에 기여해야 한다. 따라서 그 상품의 사용가치는 (잉여) 가치의 생산이다. 이미 시사한 바처럼, 이 조건을 충족시키는 오직 하나의 후보만이 있는데, 바로 노동력이다.

먼저 다른 투입물들에 대해 생각해 보자. 그것들은 과거에 자신들을 생산하는 데 사회적으로 필요한 노동시간의 결과로서 산출물에 가치를 부여한다. 그러나 그것들이 산출물에 부가하는 가치의 양은 자신들의 가치나 비용과 정확히 일치한다. 만일 그렇지 않다면 화폐가 나무나 기계에서 저절로 자라는 셈이 되기 때문이다. 바꿔 말하면, 노동력이 아닌 투입물들은 자신들이 투입물로서 비용보다 많은 가치를 산출물에 이전할 수 없다. 왜냐하면, 위에서 본 것처럼 **등가** 교환은 가치를 창조하지 않으며 **부등가** 교환도 잉여가치를 낳지 않기 때문이다.

다음으로 노동력에 대해 생각해 보자. 노동력의 가치는 그 비용으로, 더 정확히 말하면 노동자들이 자신의 노동력을 판매해 획득한 가치로 표현된다. 이것은 일반적으로 실질임금 묶음, 즉 노동계급이 정기적으로 구입하는 임금재들을 생산하는 데 사회적으로 필요한 노동시간에 상응한다. 이에 비해 생산과정에서 노동력이 창출하는 가치는 그 임금에 대한 대가로 **지출된** 노동시간이다. 다른 투입물들과 달리 산출물 가치에 대한 노동자의 기여(예컨대 하루 10시간)가 노동력의 비용(예컨대 그 가치는 5시간이면 생산될 수 있다)과 일치할 이유는 없다. 실제로 이렇게 될 수 있는 것은 노동력의 가치가 잉여가치를 생산할 때 투입된 노동시간보다 적기 때문이다.

노동시간을 계산단위로 사용함으로써 노동자가 부가한 가치가 노동력에 대한 대가를 초과할 경우에만, 사용된 노동시간이 노동력의 가치를 초과해 잉여가치가 창출될 때에만 자본이 팽창할 수 있다는 점을 입증했다. 따라서 노동력은 사용가치만을 창출하는 것이 아니다. 노동으로 사용될 때 그것은 가치와 잉여가치를 창출하기도 한다. 이 주장의 강점은 다른 대안적 가치론과 간단히 비교하는 것으로 잘 드러난다.

절욕, 기다림, 시간 선호 이론들은 이윤의 원천을 자본가의 현재 소비에 대한 희생에 두고 있다. 이러한 '희생들'(통상 사치스러운 안락함 속에서 이뤄지지만)이 이윤의 존재를 위한 한 가지 조건이라는 점은 누구도 부인할 수 없다. 그러나 다른 수천 개의 조건들과 마찬가지로, 그러한 희생들이 이윤의 원천은 아니다. 자본이 없는 사람들도 자신들을 위한 이윤을 창출하지 못한 채 얼굴이 새파래질 때까지 절욕하고, 기다리고, 시간상의 선택을 할 수 있다. 절욕이 자본을 창출하는 것이 아니라 자본이 절욕을 요구한다. 기다림은 모든 사회에 존재해 왔으며, 심지어 다람쥐에게서도 발견된다. 위험을 이윤의 원천으로 보는 견해에 대해서도 유사한 결론을 내릴 수 있다. 예컨대 이윤이나 임금과 같은 경제적 범주들을 창출하는 것은 추상적이든 그렇지 않든 간에 사물들이 아닌 사람들 사이의 일정한 사회적 관계라는 점을 명심해야 한다.

한계생산성 이론은 C와 M' 사이의 가치 증가를 산출물에 대한 노동과 자본재의 기술적으로 결정된 기여로 설명한다. 그러한 접근법은 어떤 사회적 내용도 가질 수 없으며, **자본주의**와 연관돼 있을 때의 노동과 '자본'의 특성에 대해 어떤 통찰도 제공하지 않는다. 왜냐하면, 노동과 노동력(양자를 전혀 구분하지 않는다)은 똑같이 **사물**처럼 취급하고 있고, 더욱이 이 이론은 생산의 사회적 조직을 설명하는 데 관심이 없으며 또 그럴 능력도 없기 때문이다. 이 이론에서는 마치 생산이 일차적으로 사회적 과정이 아니라 기술적 과정이기라도 한 것처럼, 오직 생산수단과 노동력의 양만이 문제가 된다. 그런데 생산요소들은 모든 사회에 존재해 왔지만, 이윤·임금·지대 심지어 가격까지도 모든 사회에 존재한 것은 아니었다. 이들은 역사적으로 말해, 상대적으로 새로운 현상들이다. 생산과정의 형태, 그것에 기초한 사회적 상호작용, 재생산 양식 그리고 그것들이 낳는 범주들을 설명하기 위해서는 주류 경제학 이론이 제공할 수 있는 것보다 더 많은 것이 필요하다.

마르크스는 모든 가치(잉여가치나 이윤을 포함해)는 노동으로 창출되고, 잉여가치는 직접적이거나 살아 있는 노동의 착취에서 발생한다고 주장한다. 평균 노동시간이 하루 10시간이고, 임금은 이 노동시간 동안 창출되는 가치의 절반에 해당한다고 하자. 그렇다면 매일 5시간의 노동은 자본가 계급에게 공짜다. 착취율은 필요 노동시간에 대한 잉여노동시간의 비율로 정의되는데, 이 경우에는 5시간 대 5시간 즉 1(또는 100퍼센트)이다. 비록 마르크스가 자본주의의 고유한 착취에 대해 잉여가치율을 언급하지만, 이 착취율 개념은 다른 생산양식들, 예컨대 봉건적 의무를 지닌 봉건제나 노예제에 대해서도 비슷하게 적용할 수 있을 것이다. 차이점은 다음과 같다. 봉건제와 노예제의 경우에는 착취한다는 사실이 분명하게 드러나는 반면, 자본주의의 경우에는 생산에서 발생하는 착취가 교환의 자유를 통해 위장된다는 것이다.

잉여노동시간을 s로, 필요 노동시간을 v로 표기하기로 하자. s와 v를 합하면 살아 있는 노동 1이 된다(화폐형태로 s는 잉여가치고, v는 가변자본이라 부르고, 1은 새롭게 생산된 가치다).

$$s+v=1$$

착취율은 $e = s/v$다. 마르크스는 v를 가변자본이라 불렀는데, 그 까닭은 노동자들이 추가할 가치의 양 1은 노동자들이 고용될 때 미리 확정되는 것이 아니라, 생산라인이나 농장, 사무실에서 추출될 수 있는 노동의 양에 따라 결정되기 때문이다. 가변자본은 불변자본 c와 대비해 가변적이다. 불변자본은 고정자본(예를 들어 공장과 몇 번의 생산주기 동안 지속하는 것)이 아니라 원료와 고정자본의 감모분(고정자본이 생산기간 동안 소비되는 한에서)이다. 예를 들어 10만 파운드의 값이 나가고 10년 동안 사용할 수 있는 기계는 매년 1만 파운드를 불변자본에 부가한다. 불변자본의 가치는 생산기간 동안 변하지 않지만(오직 노동만이 가치를 창출한다), 노동자의 노동을 통해 산출물에 보존된다. 이것은 부지불식간에 수행되는 자본가에 대한 봉사다. c와 v는 둘 모두 자본임이 분명하다. 왜냐하면, 그것들은 이윤을 얻기 위해 자본가가 미리 지출한 화폐형태의 가치를 표시하기 때문이다. 따라서 상품의 가치 λ는 불변자본과 가변자본 그리고 잉여가치의 합(또는 불변자본과 살아 있는 노동의 합)이다. $\lambda=c+v+s$. 상품의 비용은 $c+v$이고, 잉여가치(s)를 남겨 화폐형태의 이윤을 형성한다.

절대적 잉여가치와 상대적 잉여가치

생산되는 잉여가치의 크기는 착취율과 고용되는 노동량에 달려 있다. 후자는 축적으로 증대될 수 있다(6장 참조). 실질임금이 변하지 않는다고 가정하자. 잉여가치율은 두 가지 방식으로 증대될 수 있다. 잉여가치율을 증가시키려는 다양한 시도들이 행해질 것이다. 왜냐하면 자기 증식하는 가치로서 자본의 본성은 자본가들에게 중요한 질적 목표를 부과하기 때문이다. 이윤극대화나 최소한 수익성의 증가에 우선순위가 두어져야 한다.

첫째로, e는 마르크스가 **절대적 잉여가치** 생산이라고 부르는 방법을 통해 증대될 수 있다. 기존의 생산방법에 기초할 때 — 즉 상품들의 가치는 불변이다 — 이것을 이룰 수 있는 가장 간단한 방법은 노동일을 연장하는 것이다. 앞의 예에서 노동일이 11시간으로 연장되고 임금을 포함한 다른 모든 것들이 불변이라면, 착취율은 6/5 즉 120퍼센트로

증가한다. 절대적 잉여가치 생산(s')은 그림 3-3에 예시돼 있다(총잉여
가치는 s+s').

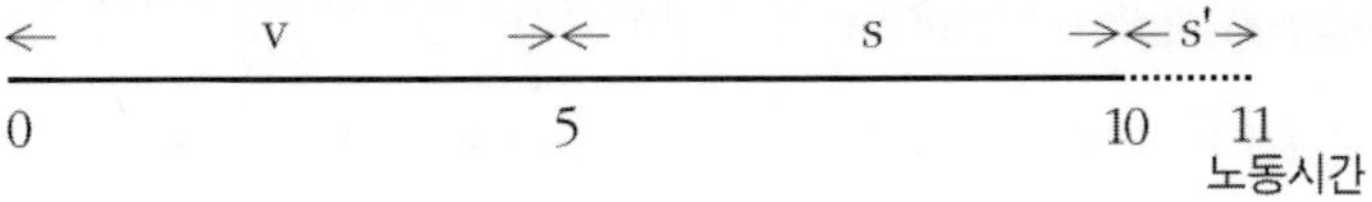

$$\xleftarrow{\hspace{1.2cm}} \quad V \quad \xrightarrow{}\xleftarrow{\hspace{2cm}} \quad s \quad \xrightarrow{}\xleftarrow{} s' \xrightarrow{}$$

0   5   10   11

노동시간

그림 3-3 절대적 잉여가치 생산(s')

절대적 잉여가치를 생산하는 다른 방법들도 있다. 예를 들어, 주어
진 노동일 동안 작업이 더 집중적으로 진행되면 같은 기간에 더 많은
노동이 수행될 것이고, 따라서 절대적 잉여가치가 생산될 것이다. 제
한된 시간의 작업이나 심지어 휴식과 재충전을 위한 작업중단을 없앰
으로써 작업을 연속적으로 해도 동일한 결과를 얻을 수 있다. 절대적
잉여가치 생산은 때때로 기술 변화의 부산물이다. 왜냐하면 생산라인
에 새로운 기계나 컨베이어를 도입하면 노동과정을 재조직할 수 있는
여지가 생기기 때문이다. 이것은 자본가들이 비효율성의 원천으로 생
각하던 작업중단이나 노동일 내의 '빈 구멍들'을 없앨 구실을 제공한
다. 그리하여 노동 강도의 강화뿐 아니라 노동과정에 대한 통제의 증
대를 가져온다. 또 새로운 기계의 도입이 야기한 가치변동과는 무관하
게 수익성의 증대를 가져온다.

다른 대안으로, (주어진 노동일 안에서) 엄격한 통제를 통해서도
원하는 작업 속도를 이룰 수 있다. 중간 관리자가 하는 지속적인 감독
과 벌칙, 심지어 해고와 보상 등이 그 수단이 될 수 있다. 비공식적
방법들이 적용될 수도 있다. 예를 들어 개수 임금은 작업속도를 높이

도록 노동자들을 고무하고, 잔업에 대한 할증 임금은 정상 시간을 초과해 일하도록 유인한다. 이 할증이 초과 잉여가치를 전부 흡수해서는 안 된다. 그럴 경우 자본가에게 추가적 이윤을 제공하지 못할 것이기 때문이다.

노동계급의 가족 전체로 노동을 확대하는 것은 절대적 잉여가치 생산의 또 다른 방법이다. 어린이, 아내, 남편은 각각 별개의 임금을 받는 것처럼 보인다. 그러나 그 임금들이 수행하는 구조적 기능은 단순히 개별 노동자들이 아니라, 노동계급 가족(따라서 전체로서 노동계급)을 재생산하기 위한 수단을 제공하는 것이다. 가족 전체로 임금노동을 확대하는 것과 더불어 노동시장 압박(일자리를 찾는 노동자 수의 증가로 발생하는 임금하락)으로 임금의 전체 가치가 거의 증대되지 않거나 전혀 증대되지 않은 채 더 많은 노동이 제공될 수도 있다.

그러나 자본주의가 절대적 잉여가치 생산에 의지할 수 있는 범위에는 한계가 있다. 하루 24시간이라는 자연적 한계는 논외로 하더라도, 노동계급의 신체적·도덕적 안녕과 저항이 절대적 잉여가치 추출의 장애물들이다. 그럼에도 절대적 잉여가치는 자본주의 발전의 초기 국면에서는 항상 중요하다. 이 초기 국면에서는 노동량이 급증하는 경향이 있다. 노동량 증대는 언제나 (심지어 발전된 자본주의 국가들에서조차) 낮은 수익성에 대한 한 가지 치료약이다. 단, 그 약을 처방할 수 있다는 가정하에서 말이다.

상대적 잉여가치는 위와 같은 제한을 받지 않으며, 자본주의가 발전함에 따라 e를 증대시키는 지배적 방법이 되는 경향이 있다(6장 참조). 상대적 잉여가치는 임금재의 생산에서 효율 향상을 통해 노동력의 가치(v)를 감소시킴으로써 (또는 더 일반적으로 생산성 향상의 이익을 자본가가 전유함으로써) 생산된다. 이 경우에 노동일은 (예컨대 10시간으로) 변하지 않지만, 생산성 향상 때문에 v는 5시간에서 4시간으로 떨어져 잉여가치는 5시간에서 6시간으로 늘어난다(잉여가치율은 6/4 또는 150퍼센트). 이러한 결과를 얻을 수 있는 방법으로는 협동의 강화, 분업의 세분화, 더 좋은 기계의 도입, 과학적 발견과 혁신 등 몇 가지가 있다. 상대적 잉여가치 생산은 그림 3-4에 예시돼 있다. 기술 변화의 결과로 v는 v'로 떨어지고 과거의 잉여가치에 덧붙여 상대적 잉여가치가 생산된다. 이것을 그림 3-3과 비교해 보라.

기술 변화 이전

```
←            v        →←            s            →
───────────────────────────────────────────────────
0                      5                    10 노동시간
```

기술 변화 이후(낮은 노동력 가치)

```
←          v'      →←              s'            →
───────────────────────────────────────────────────
0                  4                      10 노동시간
```

그림 3-4 상대적 잉여가치 생산

절대적 잉여가치 생산은 징계와 직장폐쇄, 해고 위협을 사용하는 개별 자본가들의 단호한 결단에 기초할 수 있다. 물론 필요한 경우 대부분 국가가 개입해서 지원하지만 말이다. 이에 비해 상대적 잉여가치

생산은 모든 자본가들에게 달려 있다는 점이 결정적이다. 왜냐하면 노동계급의 재생산에 필요한 상품생산에서 혼자 상당한 비중을 담당하는 자본가는 아무도 없기 때문이다. 특히 상대적 잉여가치 생산은 노동력 가치의 저하를 가져오는 기술 변화를 촉진하는 경쟁과 축적에 의존한다.

기계와 기술 변화

마르크스는 자본주의에서 생산이 발전하는 방식에 대한 분석에 커다란 중요성을 부여한다. 그는 노동자들과 자본가들 사이의 권력관계뿐 아니라 생산이 이뤄지는 기술적 관계들이라는 더 특수한 문제에 대해서도 상당한 주의를 기울인다. 특히 그는 자본주의의 발전된 단계에서는 공장체제가 — 독립수공업 생산이나 자본가들이 수공업 노동자들에게 투입물을 제공한 후 생산된 상품을 수집하는 선대제가 아니라 — 필연적으로 지배적이 된다고 주장한다. 공장 안에서 상대적 잉여가치 생산은 새로운 기계의 도입을 통해 체계적으로 추구된다.

새 기계가 생산성을 증가시키는 것은 그 기계를 통해 주어진 시간에 더 많은 원료를 최종생산물로 전환할 수 있기 때문이다. 처음에는 노동자들의 신체적 힘이 기계의 힘으로 대체될 것이다. 그 후 노동자들의 도구들이 기계 속에 통합돼 궁극적으로 노동자는 기계를 돌보는 사람이 되거나 기계의 부속물이 돼 기계에 원료를 공급하고 보살피거나 기계의 주인이 아닌 기계의 종이 될 것이다(그럼에도 이런 일들에는 높은 수준의 훈련과 기술적 전문성이 필요할 수도 있다).

새 기계의 도입은 절대적 잉여가치 생산에서 경험했던 것과는 다른 방식으로 노동 강도를 높인다. 왜냐하면 과거에는 몇 개로 분리돼 있던 작업들을 이제 기계가 하나로 통합시키기 때문이다. 이것은 노동계급에게 모순적 효과를 낳는다. 한편으로 기계가 그들을 대체하고 작업할 때 일들을 단순화함에 따라 노동계급은 탈숙련화된다. 다른 한편으로 몇 개의 단순한 과제들이 결합됨에 따라 노동계급은 새로운 기술을 구사할 수 있기를 요구받는다. 비슷하게, 신체적 작업부담은 기계의 힘 때문에 경감되지만, 동시에 더 빨라진 속도와 높아진 작업강도 때문에 증대된다.

이런 분석은 어느 정도로는 일련의 생산물들이 주어져 있고, 또 기계를 점점 더 많이 사용함에 따라 생산과정들이 체계적으로 변환됨을 전제하고 있다. 마르크스는 생산물과 생산과정 양자의 혁신에서 과학과 기술의 구실을 무시하는 것이 아니라 오히려 강조한다. 그러나 그러한 발전이 자본주의적 생산에 관한 일반이론의 주제가 될 수 없음은 분명하다. 왜냐하면 그러한 발전의 범위와 리듬은 다양한 영역에서 과학적 발견이 진전되고, 그러한 발견들을 생산적 기술들로 변환시키고, 작업장에 성공적으로 도입하는 것과 같은 비경제적 요인들이 결정하기 때문이다. 여하튼 마르크스는 공장체제는 노동에 대한 물적 자본의 비율, 즉 마르크스가 자본의 기술적 구성이라고 부르는 것(8장 참조)을 크게 증가시킬 것이라고 결론짓는다. 한편으로 이것은 정의상 생산성 향상의 결과로서 일어난다. 왜냐하면 각 노동자는 더 많은 원료를 생산물로 전환시켜야 하기 때문이다(그렇지 않으면 생산성은 증가하지 않았을 것이다). 다른 한편으로 이것은 생산성 향상의 한 조건이다.

기계와 공장 형태의 고정자본의 양 또한 증가하지 않으면 안 되기 때문이다.

생산적 노동과 비생산적 노동

생산적 노동과 비생산적 노동에 관한 마르크스의 구분은 자신의 잉여가치 개념의 부산물이다. 마르크스에게 노동이 생산적인 경우는 직접적으로 잉여가치를 생산하기 위해 고용될 때이다. 즉 생산적 노동이란 자본을 위해 (그리고 자본의 통제하에) 생산영역에서 판매를 위한 상품들을 직접 생산하면서 수행하는 노동을 의미한다. 생산되는 상품들과 수행되는 노동의 형태는 문제가 되지 않는다.

다른 모든 형태의 임금노동은 비생산적이다. 예를 들어 자본에 고용되지 않은 노동(자영업자들과 대부분의 공무원들), 생산에 직접 고용되지 않은 노동(관리자나 비록 산업 자본에 고용됐다 할지라도 예컨대 회계사나 판매 종사자, 금전 출납 담당자들뿐 아니라 무역과 금융 부분에서 교환 활동에 종사하는 노동자들), 판매용 상품을 생산하지 않는 노동자들(가정부나 기타 독립적인 개인 서비스 제공자들의 경우가 그렇다).

생산적 노동과 비생산적 노동의 구분은 **자본주의적** 노동에 고유한 것이다. 생산적 노동인가 비생산적 노동인가의 여부는 노동이 수행하는 사회적 관계들이 결정하는 것이지, 그 활동의 산물이나 유용성, 사회적 중요성으로 결정되는 것은 아니다. 예를 들어 의사들과 간호원들은 그들의 고용형태에 따라 ― 공공병원에 고용됐는지 개인병원에 고용됐는지에 따라 — 생산적 노동을 수행할 수도 있고 비생산적 노동을 수행할 수도 있다. 비록 그들의 활동이 동일하고 어떤 의미로 사회에 대해 동일하게 가치 있다 하더라도, 전자의 경우에는 제공 시점에 무상인 공공서비스를 제공하는 반면, 후자의 경우에는 그들의 고용은 기업의 수익성에 달려 있다.

비생산적 노동자들은 잉여가치를 직접 생산하지 않는다. 그러나 만약 그들이 자신들의 임금으로 표현되는 가치보다 더 오랜 시간 동안 일한다면 그들은 착취당하고 있다. 비생산적이라는 것이 자본주의적 착취에 장애가 되지는 않는다! 자본의 입장에서 볼 때, 비생산적 부문들, 예컨대 소매나 금융부문들은 경제에서 생산된 잉여가치의 일부를 가격 메커니즘을 통해 가치생산 부문에서 이전시킴으로써 획득한다(임금과 기타 경비 그리고 자신의 이윤몫을 그것에서 얻는다). 예를 들어 상업자본은 상품들을 가치 이하로 구매해 가치대로 판매한다. 다른 한편 이자를 낳는 자본(은행과 기타 금융기업들)은 고객의 수수료 지불과 대부 이자에서 주로 수입을 얻는다(11장과 12장 참조).

토의주제와 추가 독서 목록

《자본론》 1권은 부분적으로 다음의 문제와 관련돼 있다. 이윤과 교환의 자유는 어떻게 양립가능한가? 제시된 답은 이 문제를 잉여가치가 어떻게 생산되는가 하는 물음으로 바꾼다. 이에 대한 대답은 상품으로서 노동력의 고유한 성질, 절대적·상대적 잉여가치를 생산할 수 있는 노동력의 능력에 의거해 제시된다. 마르크스는 이 문제들을 이 장에서 다뤄진 이론적 영역뿐 아니라 경험적 영역에서도 상세히 다루고 있다. 그는 생산방법 그 자체의 변화, 특히 매뉴팩처링(manufacturing, 문자대로 하면 손으로 하는 생산이란 의미)에서 공장체제로 전환하는 것에 주목한다. 자본과 착취에 관한 마르크스의 이론은 그의 몇몇 저작들에 설명돼 있다. 특히 마르크스(1976, 2~6부) 참조. 이 장에서 전개한 해석은 벤 파인(2001b, 2장)과 알프레도 새드-필호(2002, 3~5장, 2003b)에 기초한 것이다. 유사한 접근으로는 크리스 아더(2001), 던컨 폴리(1986, 3~4장), 데이비드 하비(1999, 1~2장), 로만 로스돌스키(1977, 3부), 존 윅스(1981, 3장)와 2장의 참고문헌 참조.

마르크스 가치이론의 특수성과 상품으로서 노동력의 고유성에 대한 그의 강조를 받아들일 경우 잉여가치와 이윤을 설명하기 위한 그의 착취이론은 논쟁의 소지가 상대적으로 덜하다. 그러나 잉여가치를 노동자가 생산한 것에서 차감이나 순생산물을 분할할 때의 한 몫으로 보기보다는(스라피안이나 네오리카디안 접근법이라고 불리는 이론에서처럼), 노동력의 가치를 초과해 일하도록 하는 강제의 결과로 볼 필요가 있다. 이 점에 관해서는 알프레도 메디오(1977)와 밥 로우톤(1980, 1장) 참조. 마르크스의 착취이론은 노동과정을 기술적 측면과 조직적 측면에서 분석하는 많은 갈래의 보완적인 연구들을 자극했다. 과학과 기술은 단순한 기술상의 개선이 아니다. 수익성의 요구와 그에 상응하는 노동 통제와 규율의 필요성은 과학과 기술발전을 결정하지는 않더라도 지배한다(그리하여 무엇이 어떻게 발명되는가, 생산에서 무엇이 어떻게 채택되는가 등에 영향을 미친다). 브라이튼 레이버 프로세스 그룹(1977), 레스 레비도프(2003), 레스 레비도프·밥 영(1981, 1985), 필

슬레이터(1980), 주디 와크만(2002) 참조. 게다가 이윤을 붙인 판매가
보장돼야 한다는 조건도 존재한다. 결국 생산자들이 사적 수익성을 추
구할 때 소비자들의 사회적 필요가 어떻게 정의되고 결정되든, 그 필요
는 생산물이나 판매방법과 필연적으로 괴리된다. 벤 파인(2002) 참조.
　　마지막으로, 생산적 노동과 비생산적 노동의 구분은 사회·경제적
재생산에서 산업부문, 금융부문, 공공부문과 다른 부문의 노동자들이
수행하는 역할의 차이를 검토하기 위한 출발점으로 중요하다(5장 참
조). 그러한 구분이 과연 유효하거나 가치 있는지의 여부가 그동안 줄
곧 논쟁의 대상이 돼 왔다. 예를 들어 모든 피착취 (임금) 노동은 잉여
가치의 원천으로 취급돼야 한다는 근거에서 말이다. 또 하나의 논쟁은
위의 구분을 수용하는 사람들 사이에서 어떤 노동을 생산적이라고 인
정할 것인지에 관한 것이다. 육체노동만을 생산적으로 인정하는 좁은
정의에서 모든 임금노동자를 포괄하는 넓은 정의까지, 논자에 따라 다
양하다. 생산적 노동과 비생산적 노동에 관한 마르크스 자신의 설명으
로는 마르크스(1976, 서문, 1978a, 4장) 참조. 또 벤 파인·로렌스 해리
스(1979, 3장), 사이먼 모훈(2003), 아이작 루빈(1975, 19장, 1979, 24
장), 선구르 사브란·아메드 토낙(1999) 참조.

제4장
산업자본의 순환

　《자본론》 제1권은 대체로 자기 완결적이다. 《자본론》 제1권은 일차적으로 자본주의와 생산의 관점에서 자본주의의 발전과정에 대해 일반적 분석을 제시한다. 어떠한 사회적 관계들이 자본으로 하여금 잉여가치를 창출할 수 있도록 하는가? 그리고 그러한 사회적 관계가 어떻게 생산을 둘러싼 사회경제적 발전을 불러일으키는가? 《자본론》의 나머지 두 권의 목표는 이러한 일반적 분석을 정교화하고 확대하는 것이다. 이런 이유 때문에 《자본론》 제2권 서두에서 자본의 순환을 분석하는 것이 적절하다. 왜냐하면 자본의 순환에 관한 분석은 일련의 총제적 현상들 — 상업자본, 이자를 낳는 자본, 고정자본, 소득과 산출물의 분배, 자본의 회전, 생산적 노동과 비생산적 노동, 공황 — 을 이해할 수 있는 기초를 제공하기 때문이다. 또 그것은 《자본론》 제1권에서 분석된 사회적 생산관계들이 더 구체적 형태로 제시될 수 있는 경제구조를 제공하기 때문이다. 바꿔 말해서, 제2권과 제3권은 제1권에서 연구된 생산의 가치관계들이 어떻게 더 복잡한 결과들을 (교환과 분배의 과정들과 구조들을 통해) 낳는지를 다룬다.

자본의 화폐순환

제2권은 자본의 화폐순환에 대한 설명에서 시작한다. 이것은 생산 과정을 명시적으로 고려해 자기 증식하는 가치로서 자본 개념(3장 참조)을 확대한 것이다. 산업자본 순환의 일반적 형태는 다음과 같다.

$$M - C \ldots P \ldots C' - M'$$

가장 일반적인 상황에서 그리고 생산되는 상품에 관계없이, 산업 자본가들은 화폐자본(M)을 선대해 상품 투입물(C)을 구입한다. 자본 가가 구입하는 상품 투입물은 노동력(LP)과 생산수단(MP)이다. 위의 순환에서 자본으로 기능하는 것은 화폐(유통이나 지불수단으로 기능 하는 화폐)로서 기능하는 화폐가 아니라는 점을 인식하는 것이 중요하 다. 오히려 정반대다. 화폐는 그러한 거래들에 필요하다. 그러나 화폐 그 자체가 그러한 거래들을 가능하게 만드는 것은 아니다. 특정 집단 의 사람들(자본가들)이 다른 사람들(노동자들)을 임금을 대가로 고용 할 수 있도록 하는 것은 생산수단과 노동력 소유(자)의 분리 — 생산의 사회적·계급적 관계 — 다. 자본의 순환에서 생산수단과 노동력을 명 시적으로 분리함으로써 이 점을 강조할 수 있다.

$$M - C \left\langle \begin{matrix} MP \\ LP \end{matrix} \right. \ldots P \ldots C' - M'$$

구매한 즉시 투입물들(C)은 생산자본(P)을 형성한다. 생산수단에 노동력이 행사됨에 따라 생산이 진행되며, 그 결과가 다른 상품 산출물들(C')이다. C와 C'는 점선으로 P에 연결돼 있는데, 점선은 투입물들(C)의 구매와 산출물들(C')의 판매 사이에 생산이 개입돼 있음을 나타낸다. 생산된 상품들을 C'로 표시한 것은 그것들의 사용가치가 생산수단과 달라서가 아니라(그런 경우가 일반적이지만), 그것들이 선대된 자본의 가치 M을 초과하는 잉여가치를 포함하고 있기 때문이다. 이것은 산출물이 더 많은 화폐 M' > M으로 판매되는 것으로 표시된다.

3장에서 잉여가치 $s = \Delta M$(여기서 Δ는 차이나 변화를 의미한다)은 생산에 지출된 노동시간(창출된 가치)보다 적은 가치로 노동력을 구매하는 것을 통해 창출된다는 것을 살펴본 바 있다. 잉여가치는 생산 직후 상품형태로 최초의 모습을 드러낸다. 투입물들(특히 노동력, 도구들, 기계들)은 산출물에 대한 공헌에서 대칭적인 것처럼 보이기 때문에, 잉여가치의 창출을 모든 생산요소들의 생산성 덕분으로 여기는 것은 쉬운 일이다. 반면에 잉여가치가 실제 노동시간이 필요 노동시간을 초과한 데 기인한 것이라고 말하는 것은 어려운 일이다. 왜냐하면 잉여가치의 출현은 생산이 완료될 때까지 지연되는 반면, 노동력과 그 가치의 자유로운 교환은 생산 이전에 발생하기 때문이다(임금 지불이 지체되는 경우에조차 그렇다).

생산된 가치(와 잉여가치)는 이제 시장에서 산출물을 판매함으로써 화폐로 전환된다. 자본가들은 판매소득 M을 얻었기 때문에 자본의 순환을 다시 시작할 수 있다. 새로운 순환은 전과 동일한 규모일 수도 있고(주어진 가격과 기술 하에서 원래의 선대금 M을 갱신하고, 잉여가치는 소비에 지출한다), 잉여가치의 일부를 투자하는 것을 통해 확대된 생산적 순환을 시작할 수도 있다(다음 절과 5장 참조).

전체로서 순환

위에서(그리고 3장에서) 자본은 가치의 자기 확대(잉여가치의 생산과 전유) 속에 놓여 있는 사회적 관계라는 점을 보였다. 자본은 자기 확대하는 가치이므로 본질적으로 하나의 과정, 즉 가치를 재생산하고 새로운 가치를 생산하는 과정이다. 바꿔 말해서 자본은 자신을 자본으로 재생산하는 과정에 있는 가치다. 자본의 순환은 이 운동을 묘사한다. 또 자본의 순환은 자본이 자신의 순환이나 재생산과정 속에서 다른 형태들을 취한다는 사실을 드러낸다. 자본인 사회관계는 화폐, 생산자본, 상품의 형태로 옷을 갈아입기를 계속한다.

산업자본의 순환은 그림 4.1의 순환도식으로 가장 잘 표현될 수 있다. 이 순환은 자본주의 경제의 기본 구조를 보여 주고 또 (잉여)가치가 생산·분배·교환되는 가운데 생산영역과 교환영역이 자본의 운동을 통해 어떻게 상호 통합되는지를 보여 주는 데 중요하다. 순환이 그 자체로 반복되는 동안 잉여가치(s)가 누출된다. 이것은 자기 확대하는 가치로서 자본이 일정한 사회적 생산관계일 뿐 아니라 다양한 단계를 통과하는 하나의 순환운동이기도 하다는 점을 보여 준다. 만약 s가 자본으로 사용되기 위해 축적된다면 바깥으로 향한 나선운동으로 확대재생산이 표시된다고 생각할 수 있다.

산업자본은 화폐자본(M)·생산자본(P)·상품자본(C)의 세 가지 형

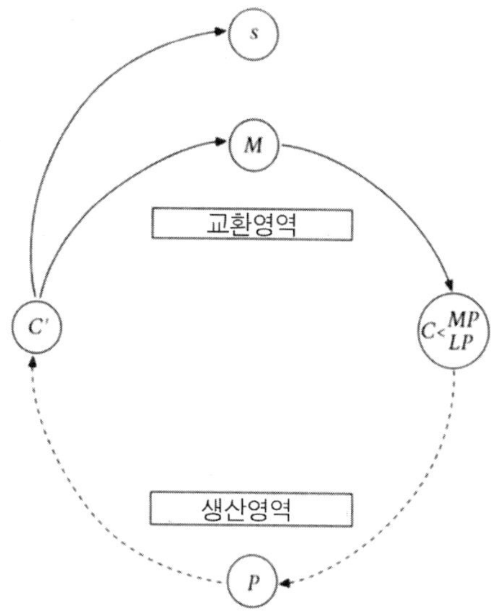

그림 4.1 자본 순환

태로 연속적으로 변모한다. 각 형태는 나머지 두 형태를 전제한다. 왜나하면 각 형태는 순환 그 자체를 전제하기 때문이다. 그러므로 우리는 각 자본 형태의 특수한 기능과 자본으로서 일반적 기능을 구분할 수 있다. 화폐, 요소 투입물, 상품들이 존재하는 사회에서 그것들은 언제나 각각 지불수단이나 생산수단, 교환가치의 담지자로 기능할 수 있다. 그러나 그것들이 **자본**으로 기능하는 것은 자본순환 속에서 이런 기능들을 계기적으로 수행할 때뿐이다. 그때 화폐자본은 노동력의 구매수단으로, 생산자본은 잉여가치 생산수단으로, 상품자본은 판매를 통해 화폐로 실현될 잉여가치의 담지자로 기능한다.

순환운동 안에서 생산과 유통(교환), 두 활동 영역이 구분될 수 있다. 생산영역은 C와 C' 사이에 존재한다. 생산 영역에서는 사용가치가 변모하며, 가치와 잉여가치가 창출된다. 이것은 마르크스의 분배이론과 관련해 심오한 함의를 지닌다. 왜냐하면 이것은 재화와 가치분배의 구조와 과정을 설명할 뿐만 아니라 분배돼야 할 것이 무엇인지도 설명하기 때문이다. 유통영역은 C와 C 사이의 교환과정들과 잉여가치 s의 실현을 포함한다.

교환과정에서 자본과 노동이 사용된다 하더라도 그것들은 산출물에 아무런 가치를 부가하지 않는다는 것을 3장에서 본 바 있다. 이러한 결론은 주류 경제학자들에게는 이상하게 보일 것이다. 왜냐하면 그들은 보통 생산과 교환에 사용되는 모든 요소들의 (소위 독립적인) 공헌을 통합하는 것을 통해 하나의 가격이론을 얻는 데 관심이 있기 때문이다. 그러나 마르크스의 관심은 생산과 분배의 사회적 관계들 그리고 순환 중 새로 생산되는 가치들을 분배하는 방법에 있다. 예를 들어 마르크스는 상업자본이 아무런 가치를 부가하지 않지만 이런 사실 때문에 상업자본이 생산된 가치의 일부를 획득하는 것이 방해받지는 않는다고 주장한다(11장 참조).

위의 그림 4.1처럼 원환 형태의 자본순환 도식을 만들면, 이제 순환을 화폐자본으로 시작하고 끝나는 것은 자의적인 것이 된다. 이것은 원에는 시작도 끝도 없는 것과 마찬가지다. 화폐순환 안에서 유통영역이 생산영역 때문에 중단되는 것에 주목하라. 자본을 자기 확대하는 가치로 규정하는 과정에서 자본가들의 목표는 싸게 사서 비싸게 파는 것이라는 점을 지적한 바 있다. 화폐순환의 관점에서 본 자본에게는,

생산은 돈벌이 과정에서 필요하기는 하지만 불운한(심지어 낭비적인) 중단인 것처럼 보인다. 상업자본과 이자 낳는 자본은 비록 그것들이 다른 곳에서 생산하는 것에 의존하지만 이러한 중단을 회피한다. 그러나 개별 자본에게 참인 것이 모든(심지어 대부분의) 자본에게 참일 수는 없다. 한 나라의 자본가들이 생산과 연계 없이 이윤을 얻으려는 시도에 사로잡혀 있다면, 그들은 투기 붐에 놓여 있는 자신들을 발견하게 될 것이다. 그리고 그 붐은 경제가 생산의 필요라는 현실로 복귀할 때 결국 꺼지게 될 것이다. 생산이야말로 배당금 지불, 부채 청산, 이자 지급, 금융채무 청산을 위해 필요한 가치의 유일한 원천이다(7장과 12장 참조).

동시에 마르크스는 순환을 두 개의 다른 관점, 즉 생산자본과 상품자본의 관점에서 분석한다, 생산자본의 순환은 P, 즉 생산에서 시작하고 끝난다. 순환의 목적은 생산, 그리고 잉여가치가 축적되는 한 규모가 확대된 생산인 것처럼 보인다. 화폐순환과 대조적으로, 생산적 순환의 입장에서 유통영역은 생산과정 안의 필요하지만 원하지 않는 중단인 것처럼 보인다. 그러나 앞에서 이미 본 것처럼, (잉여)가치를 생산하는 것만으로는 부족하다. 그것은 판매를 통해 실현돼야 한다. 자본가들보다는 경제학자들이 이러한 필요하지만 불확실한 교환을 통한 매개를 무시하는 경향이 있다. 자본가들은 장래의 판매에 대한 예상이나 희망 때문에 부지불식간에 생산을 늘릴 수 있지만 결국 재고가 쌓이게 되고 운전자본의 손실을 보게 돼 현실로 복귀한다. 마지막으로 상품자본의 순환은 C'에서 시작하고 끝나며, 그 목적은 소비의 창출인 것처럼 보인다. 생산영역이 유통영역을 뒤따르므로, 어떤 영역도 다른 영역 때문에 중단되지 않고, 따라서 어떤 영역도 불필요하거나 낭비처럼 보이지 않는다.

세 개의 자본순환은 하나의 전체인 순환에서 형성된다. 왜 순환의 각 '결절'(P, C, M, C)이 출발점과 종착점이 되는 네 개의 순환이 존재하지 않는가? C가 자본순환의 시작이 되지 못하는 이유는 그것이 자본이 아니기 때문이다. 구매된 생산수단은 다른 자본가들의 상품생산(물) 따라서 상품자본일 수 있다. 그러나 노동력은 구매되기 전까지는 자본이 아니며, 구매되고 나면 생산된 잉여가치를 포함하고 있는 상품자본이 아니라 생산자본이 된다. 기술적 관점에서 자본주의는 원료에 관해서는 자기의존적일 수 있다. 자본주의는 순수한 생산체제 외부에서 노동력의 사회적 재생산에 항상 그리고 불가피하게 의존하지 않으면 안 된다(5장 참조). 이것은 경제적 권력뿐 아니라 정치적·이데올로기적·법률적 권력의 사용을 필요로 한다. 문제의 핵심은 노동자로 하여금 일하도록 하는 것이다. 기계에게 일을 시킬 때는 이런 문제가 존재하지 않는다.

앞에서 본 것처럼, 자본의 재생산과정에 대해서는 서로 다른 견해들이 구성될 수 있으며, 그것들은 각각의 자본순환에 대응한다. 이 견해들이 자본주의에 무비판적인 것은 아니지만, 개별적으로는 항상 부적절하다. 그것들은 생산·소비·교환·이윤 획득과 축적 가운데 일부 과정만을 강조한다. 예를 들어 노동력과 생산된 생산수단이 순환 속에 들어올 때, 오직 순간적으로만 그것들이 분리돼 있는 것처럼 보인다. 따라서 그것들은 자본을 형성하지 않고 총체적 순환에 관한 견해를 낳지 않는다. 부분적으로는 이런 이유로, 주류 경제학 이론은 계급관계들을 모두 배제시킬 수 있다. 그러나 이 계급관계들은 생산관계들이 아니라 분배나 교환관계들의 모습으로 주류 이론 속에 들어간다.

반면에 화폐순환은 교환모델을 시사한다. 주류 경제학에서는 수요와 공급의 일치가 모든 것이 되고, 자본과 노동은 단순히 생산적 서비스로 간주될 뿐이다. 곤란한 점은 가격(과 이자율) 메커니즘을 통해 수행되는 정보 서비스에 있다. 한편 생산적 순환은 시장을 무시하는 경향이 있다. 신고전학파 성장이론과 다른 대부분의 성장이론들은 이런 맥락에서 인용될 수 있다. 이런 성장이론들은 경제적 재생산에 관한 뛰어난 투입-산출 분석을 제시하지만, 그러나 이 경우 경제는 명시적으로 자본주의적이지 않다. 마지막으로 상품순환은 신고전학파의 일반균형이론 안에 반영돼 있다. 거기서는 생산과 교환을 통해 공급과 수요가 조화롭게 상호 작용해 최종소비를 낳는다. 이것은 생산의 목적이 (이윤이나 교환이 아니라) 소비라는 대중적인 신화를 낳는다. 이것은 경제학도들에게 익숙한 에즈워즈 상자 그림(Edgeworth box diagrams)이 잘 보여 준다. 마르크스의 자본순환이 지닌 강점들 가운데 하나는 이러한 시각들의 한계를 폭로한다는 점이다. 동시에 그것은 자본의 현상형태들의 기능들을 보여 주며, 주요한 경제적 범주들과 현상들을 이해할 수 있는 기초를 형성한다.

토의주제와 추가 독서 목록

마르크스의 교환분석, 특히 ≪자본론≫ 제2권에서 제시된 분석은 그것이 제공하는 통찰에도 불구하고 상대적으로 무시돼 왔다. 때때로 그의 생산이론을 유효수요에 관한 케인즈주의 이론으로 보완하는 접근방식이 채택돼 왔다. 그러나 이러한 접근법은 마르크스 이론에서 그 두 측면이 따로 분리돼 있다고 상정하는 것과 마찬가지다. 이 장의 설명과 마르크스 자신의 설명이 시사하는 것처럼, 생산과 교환은 구조적으로 분리돼 있지만, 자본의 순환을 통해 내재적으로 통합돼 있다. 자본의 순환에 관한 마르크스의 분석은 칼 마르크스(1976, 2부, 1978b, 1~2부) 속에 전개돼 있다. 또한 벤 파인(1980, 2장)과 알프레도 새드-필호(2002, 3~5장)의 설명 참조하라. ≪자본론≫ 제2권에 대해서는 크리스 아더·기어트 로이텐(1998) 참조. 이 장에서 제시된 해석과 유사한 견해들로는 데이비드 하비(1999, 3장)와 로만 로스돌스키(1977, 4부)를 참조하라. 화폐로서 기능하는 화폐와 자본으로서 기능하는 화폐의 개념들은 코스타스 라파비트사스(2003a)와 로만 로스돌스키(1977, 3부)에 설명돼 있다.

제5장
경제적 재생산

앞장에서는 산업자본의 단일한 순환을 검토했다. 하나의 전체로서 자본에게는 다수의 상이한 순환들이 있다. 이 순환들은 각각 고유한 속도로 움직이고 고유한 비율로 확장한다. 그리고 이 순환들은 상호 통합되지 않으면 안 된다. 마르크스는 《자본론》 제2권에서 경제를 크게 두 부문으로 나눠, 이 과정들을 분석한다. 부문1은 생산수단(MP)을 생산하고 부문2는 소비수단을 생산한다. 전자는 불변자본 c를 통해 구매되고, 후자는 노동자와 자본가가 구매한다. 소비수단에 대한 노동자와 자본가의 지출은 각각 가변자본 v와 잉여가치 s에서 나온다. 이 장에서는 하나의 전체로서 자본의 재생산과정을 검토한다. 먼저 자본축적이 없는 **단순재생산**에서 분석을 시작하고, 나아가 잉여가치의 일부가 투자되는 **확대재생산**을 검토한다. 마지막으로 자본주의 경제의 사회적 재생산을 분석한다.

단순재생산

그림 5-1에서, 단순재생산의 조건인 부문1과 부문2의 균형은 유량

도식으로 예시돼 있다. 두 개의 순환 $M_1 - C_1 \ldots P_1 \ldots C'_1 - M'_1$과 $M_2 - C_2 \ldots P_2 \ldots C'_2 - M'_2$를 보여 준다. 도식에서 M'_1과 M'_2는 중앙의 화폐 저수지 M으로 흡수되고 있다. 그림 5.1은 상품순환도 보여 준다. 노동자들과 자본가들은 그들의 임금 v_1, v_2와 잉여가치 s_1, s_2로 부문2에서 소비재를 구매하고, 자본가들은 부문1에서 생산수단 c_1, c_2를 구입한다. 노동자들은 생산수단을 구매하지 않고 저축은 무시한다.

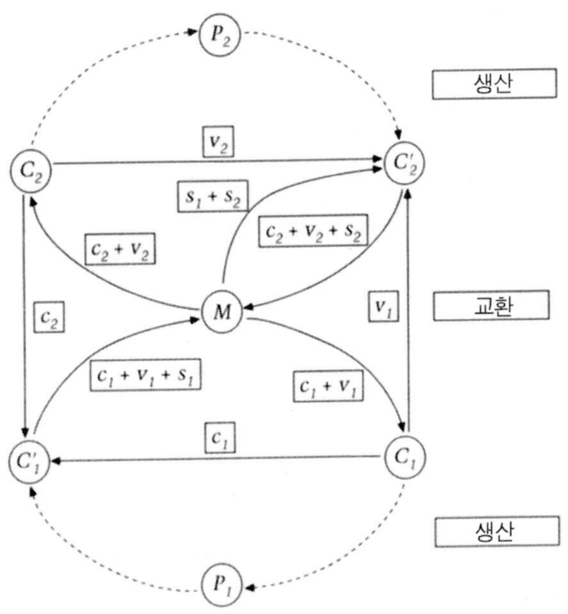

그림 5.1 경제적 재생산

기술 변화가 없다면 그리고 자본가들이 그들의 잉여가치를 모두 소비에 지출하고 이전의 생산패턴을 단순히 반복한다면, 경제는 동일한 활동수준에서 자신을 재생산할 수 있다. 마르크스는 이것을 단순재생산이라 부른다. 단순재생산은 두 부문에서 생산되는 가치들 사이의 특정한 균형을 함축하고 있다. 부문1의 산출물의 가치는 $c_1+v_1+s_1$이고, 이 부문의 생산수단 판매가치는 c_1+c_2다. 따라서

$$c_1+v_1+s_1=c_1+c_2$$

이와 마찬가지로, 부문2에서도 산출물의 가치와 소비수단의 판매가치가 동일해야 하므로

$$c_2+v_2+s_2=v_1+v_2+s_1+s_2$$

위의 두 수식 모두 다음과 같이 단순화된다.

$$v_1+s_1=c_2$$

이것이 바로 마르크스의 유명한 단순재생산에서 두 부문의 균형식이다.

확대재생산

그러나 만약 자본가들이 그들의 잉여가치를 전부 소비하지 않고 일부를 추가 생산수단을 구입하는 데 지출한다면 자본축적이 일어난

다. 이 경우 다음 기간을 위한 자본가의 생산수단 구입 $c_1+v_1+s_1$은 이번 기간의 사용 c_1+c_2를 초과한다. 따라서 확대재생산에서는 $c_1+v_1+s_1 > c_1+c_2$이다. 즉,

$$v_1+s_1 > c_2$$

위에서 같지 않은 정도는 축적률에 의존한다.

이러한 재생산 도식들은 몇 가지 다른 방식으로 해석돼 왔다. 가장 유행하는 것들 중 하나는 재생산 도식들이 일종의 마르크스주의적인 **균형** 분석을 제공한다는 견해다. 이 균형은 정태적일 수도 있고(단순재생산의 경우), 동태적일 수도 있다(확대재생산의 경우). 이와 달리 주류 균형성장 이론을 자신의 모델로 삼아 (때때로 자신도 모르는 사이에) 확대재생산을 단순재생산의 확장버전으로 간주해 버리는 견해도 있다. 이 경우 경제는 그 규모가 더 크다는 점을 제외하면 모든 면에서 단순재생산과 동일하게 보인다.

이러한 두 해석 중 어느 쪽도 마르크스 자신의 의도에 부합하지 않는다. 첫째로, 그의 방법론은 자본주의 분석을 위한 조직개념으로 균형을 이용하는 것에 대해 날카롭게 대립한다. 둘째로, 재생산 도식에서 마르크스의 관심은 의식적 계획이 없는데도 교환영역에서 다른 생산자들의 카오스적 조정에도 불구하고 어떻게 해 단순재생산과 확대재생산 **양자** 모두 자본주의 체제 내에 존재하는가를 보이는 것이다. 따라서 단순재생산과 확대재생산 모두 이론적으로나 경험적으로 대안이 아니다. 오히려 사실은 다음과 같다. 단순재생산은 확대재생산 속

에 존재한다. 확대재생산은 단순재생산과 관련된 조건들(이는 전자의
출발점이다)에 의존함과 동시에 그 조건들을 침해한다. 이 점은 가치
총량의 측면에서 그러할 뿐 아니라 상품들 자체의 가치 측면에서도
그러하다(상품의 단위가치는 축적의 결과로서 생산성 향상에 의존한
다). 더구나 마르크스는 일반균형이론이나 자유방임이론의 옹호자들
과 달리 서로 다른 소비자들과 생산자들이 시장을 통해 조화롭게 조정
되고 그 결과 높은 수준의 자원 이용률을 낳는다는 함의를 절대로 도
출하지 않는다. 오히려 마르크스의 도식들은 자본의 재생산과 축적에
서 요구되는 두 개의 별개의 균형을 지적한다.

첫 번째 것은 가치 측면의 균형으로, 앞에서 이미 예시된 바 있다.
두 번째 것은 사용가치 측면의 균형이다. 사용가치 측면에서 균형이
필요한 이유는 두 부문 내에서 그리고 두 부문 사이에서 적당한 양의
상품들이 생산되고 교환돼야 하기 때문이다. 앞의 도식에 따르면, 표
기된 가치량들과 관련된 사용가치들 사이의 양적 관계는 규정돼 있지
않다. 이 점은 다음과 같은 사고실험을 해 보면 분명해질 것이다. 어
떤 한 부문의 상품생산성이 두 배로 늘고(즉 가치가 절반으로 줄고),
다른 한 부문은 불변이라고 하자. 그 결과 사용가치 균형은 유지되더
라도 가치 균형이 파괴될 것이다. 이러한 간단한 사고 실험을 통해
우리는 두 개의 균형은 서로 어느 정도까지는 독립적이라는 것을 알
수 있다. 그러나 그것들은 서로 완전히 독립적이지는 않다. 예를 들어
생산성 변화는 궁극적으로 두 부문 사이에서 자원의 이동을 초래할
것이다. 따라서 이미 명기한 두 개의 균형들 사이에서 경제 전체에
걸친 조정이 수반되고 또한 보완적인 화폐의 흐름이 수반된다. 이때

화폐량은 가격체계를 통해 결정된다.

한편, 그림 5.1의 경제적 재생산 표식은 앞장에서 한 개의 자본순환의 견지에서 제시됐던 (잘못이거나 부분적인) 경제관을 강화하는 데 이용될 수 있다. 질적으로는 아무 것도 더해지지 않지만, 이 그림은 경제활동의 수준을 결정하는 요소들이라고 간주될 만한 것을 시사한다. 우선 주류 경제이론과 이데올로기는 중앙의 교환활동 '상자'를 중시하는 경향이 있다는 점에 주목하라. 그에 비해 두 개의 생산영역들은 별 관련이 없는 것으로 보인다. 일반적으로 이런 시각은 생산을 당연한 것으로 생각하거나 생산을 교환관계를 위한 확실한 기초를 형성하는 기술적 관계에 불과하다(신고전학파 생산함수에서처럼)고 생각하는 잘못된 견해를 지지한다.

이것은 신고전학파 완전균형이론(또는 자유방임 경제학)에서 가장 잘 드러난다. 거기서는 경제적 자원들을 완전히 고용하는 수준에서 교환관계들이 수요와 공급의 일치를 충분히 보장한다고 가정된다. 그리하여 안정성 분석에서 문제가 되는 것은 순환들 내부에 체화돼 있는 여러 양들 사이의 불비례가 과연 가격운동(초과 수요공급에 대한 반응)을 통해 스스로 교정되는가의 여부다.

케인즈주의 이론에서는 총수요의 역할이 결정적이다. 투자승수에 주목할 경우, c_1+c_2의 수준이 중심적 역할을 한다. 만약 분석에 소비의 구실을 포함한다면, 이제 국민소득 $v_1+s_1+v_2+s_2$에서 소비지출이 또한 중요하게 된다. 이러한 형태의 소비함수는 후기케인즈주의적이거나 칼레키주의적(Kaleckian)인 총수요 결정법과 더 친화성이 있다(거기서는 소득이 임금과 이윤으로 분할된다). 그러나 이러한 시각에서 여전히 중요한 점은 경제 내에서 특정한 일련의 지출이 총체적인 경제활동의 수준에 결정적 영향을 미친다는 점이다. 그러나 거기에서는, 마르크스의 용어를 빌리자면, 잉여가치의 생산과 이 근본적 경제관계를 둘러싼 갈등은 아무런 구실도 하지 않는다.

더 정교한 후기케인즈주의 경제학은 화폐의 구실을 포함한다. 이 측면에서, 경제활동 수준은 중앙의 저수지 M에서 흘러나오는 화폐 유량의 크기에 따라 결정된다. 기업가 정신의 위축이나 중앙은행의 긴축 통화정책 때문에, 이 흐름에 제한이 가해진다고 하자. 그러면 경제는 비틀거리게 될 것이다. 은행 체제와 이자율 각각의 구실에 대해서는 12장에서 다룰 것이다. 여기서 중요한 것은 다음의 사항을 파악하는 것이다. 이런 관점에서 보면 실업의 근본 원인은 경제의 이윤창출 능력과는 거의 무관하게 불충분한 교환활동 속에서 찾을 수 있다. 케인즈 자신의 이론에서 불충분한 교환활동은 대체로 비관주의에 기인한다. 거기서 기업의 수익성에 대한 비관적 기대는 (그리고 이자율이 상승할 것이라는 기대는) 자기 충족적 예언이 된다. 더 일반적으로 말해서(상당히 다른 방식이긴 하지만), 근래의 주류 경제학 이론은 경제의 경로를 결정하는 데서 (소위 '합리적') 기대에 더 많은 구실을 부여하는 방향으로 발전해 왔다.

마지막으로, 더 근본주의적 경제관들은 자본과 노동 사이의 분배관계가 경제활동 수준을 결정한다고 본다. 이러한 경제관은 이데올로기적으로는 좌우익 양쪽이 모두 관련돼 있다. 우익은 수익성 회복을 위해 노조의 힘이 억제돼야 한다고 주장한다. 반면에 좌익은 문제의 갈등은 자본주의의 한계 안에서는 화해불가능하다고 주장한다. 분석적으로 볼 때, 이런 견해는 경제를 '크기가 이미 정해진 케이크'로 보는 이해방식에 의존한다. 거기서 국민소득 $v_1+s_1+v_2+s_2$은 두 계급에게 분배되고, 어느 한 쪽의 이득은 상대편의 손실이 된다. 예를 들어 임금(v_1+v_2로 대표된다)이 너무 많이 오르면 이윤(s_1+s_2로 대표된다)은 하락할 수밖에 없다. 그리고 이것은 축적의 동기와 능력을 동시에 약화시킨다.

외관상의 모습과는 정반대로, 이런 견해는 자본주의 경제 구조에 대한 마르크스의 견해에서 크게 벗어난 것이다. 수익성의 결정에서 분배에 중요한 구실을 부여하는 것은, 분석을 교환영역(의 일부)에 한정할 때만 가능하다. 일단 생산영역이 분석대상으로 통합되면, 명백한 것처럼 보이던 자본과 노동 사이의 (분배관계에서 그리고 국민소득에서 이윤과 임금을 수취하는 데서) 대칭성은 사라진다. 임금의 지불은 생산과정이 시작되기 위한 하나의 **전제조건이다**(더 정확히 말하면, 이 말은 노동력의 구매에 적용되고 실제 지불은 후에 이뤄질 수도 있다). 반면에 이윤은 임금과 다른 생산비용의 지불 후에 남는 잔여이지, 사전에 협상으로 결정되는 일정한 크기의 '케이크 조각'이 아니다. 마르크스에게 자본과 노동 사이의 분배관계는 '크기가 고정된 케이크'와 같은 성질의 것이 아니다(물론 다른 조건이 불변일 때, 임금이 낮아지면 이윤은 증가한다. 후기케인즈주의자들은 수요 부족의 관점에서 다르게 주장할 수도 있다). 이윤은 무엇보다 먼저 생산과정에서 잉여가치를 뽑아낼 수 있는 자본가의 능력에 의존한다. 임금의 고하를 막론하고 자본가는 그 임금에 상응하는 가치을 생산하는 데 필요한 노동시간을 초과해 일하도록 노동자를 강제할 필요가 있다.

잉여가치 생산에 관한 불확실성은 자본가들이 직면하는 여러 불확실성들 가운데 하나에 불과하다. 다른 형태의 불확실성들 중 중요한 것이 네 가지가 있다. 첫째, 잉여가치를 생산한 뒤 그중 얼마만큼이 실현될지는 생산물이 최종적으로 판매될 때까지 불확실하다. 둘째, 경쟁적 조건에서 잉여가치의 추출은 자본주의에서 생산성을 향상시키는 기술 변화를 끊임없이 불러일으킨다. 위에서 본 것처럼, 기술 변화는 경제 내의 가치 균형과 사용가치 균형을 파괴해(그리고 작업현장의 대립적 관계에 기여할 수도 있다) 불확실성을 더욱 증대시킨다. 셋째, 12장에서 보게 되는 것처럼 신용은 금융 시스템의 자원들을 개별 자본가들이 이용할 수 있도록 하지만, 다른 한편 과잉축적을 촉진해 금융과 경제 위기의 조건들을 창출한다. 예를 들어 신용은 순조로운 수익을 예상하도록 산업자본가들을 오도할 수 있다. 실제로는 아무런 수익이 발생하지 않고, 신규 신용은 만기채무를 상환하는 데 사용될 수도 있다. 그리하여 과잉축적은 경제위기의 조건들을 만들어 낼 수도 있다. 마지막으로, '화폐 그 자체'의 거래가 발생해 생산과 교역과는 아주 느슨하게 연결돼 있는 화폐 거래자들이 등장하면 불확실성은 더욱 커진다. 화폐와 화폐 관련 수단들의 거래는 불안정을 심화시키는 투기와 사기를 낳기 쉽고, 심지어 그런 활동들에 직접 종사하지 않는 사람들에게까지 불확실성을 감염시킨다.

따라서 다음과 같이 결론내릴 수 있을 것이다. 마르크스에게 한편으로 절대적·상대적 잉여가치 생산이 분배관계를 이해하는 데서 중요하지만, 분배관계는 생산조건들만으로는 해독할 수 없다. 다른 한편, 주로 자본주의적 생산조건들에서 (주로 산업·금융 자본가들의 변덕이 아니라) 야기되는 불확실성은 위기의 형성뿐 아니라 잉여가치의 생산에서도 중대한 구실을 한다. 양자는 상호 분리될 수 없다.

사회적 재생산

앞 절들은 오로지 경제체제 내에서 단순재생산과 확대재생산에 관심을 집중했다. 실제로 하나의 결정적 예외를 제외하면, 자본의 순환들은 자기 충족적인 것처럼 보인다. 그 두드러진 예외는 노동력이다. 왜냐하면 노동력이 순환들 안에서 재생산되는 것은 임금재의 조달이 그 목적에 적합할 때에 한하기 때문이다. 그러나 노동일 종료 뒤 노동자들의 자유(그리고 작업장 내외에서 그들의 저항) 때문에 자본은 결국 재생산과정에 대한 통제를 해제할 수밖에 없다. 그리고 어떤 의미에서는 바로 그 지점에서 사회적 재생산이 뒤를 이어받는다. 사회적 재생산과정은 일련의 복잡한 비경제적 관계·구조·권력·갈등 들을 수반한다. 좁은 의미로 해석할 때, 사회적 재생산은 노동력을 생물학적으로 그리고 순응적 임금노동자로서 재생산하는 데 필요한 과정들을 포함한다. 더 일반적으로 사회적 재생산은 하나의 전체로서 사회가 재생산되고 (시간이 지남에 따라) 변형되는 방식과 관련돼 있다.

간단히 말해서 그리고 대체로 적절한 표현이지만, 사회적 재생산은 그 안에 모든 비경제적 요소들을 끌어 모을 수 있는 포괄적 문구나 우산이 돼 버렸다. 사회적 재생산은 **자본**이라는 추상적 범주와 **자본주의**라는 경험적 실제 사이의 모든 장을 포괄한다. 그러나 이것은 사회적 재생산의 범위와 의의에 대한 일면적 이해에 불과하다. 자본주의는 분명히 원활한 경제적 재생산뿐만 아니라 원활한 사회적 재생산에도 의존한다. 경제적 재생산은 사회적 재생산과 별개의 독립적인 것이 아니라 그 일부다. 양자 사이의 관계에 대한 오해는 흔히 볼 수 있다. 경제적 재생산과 사회적 재생산은 일과 가정처럼 상호 별개의 것으로 간주된다. 경제적인 것과 사회적인 것의 부적절한 병립은(후자는 정치, 문화 따위의 것으로 간주된다) 대체로 사회과학들 사이의 학문적 경계들 속에 가장 잘 각인돼 드러난다.

사회적 재생산과 점차 증가하는 경제적 재생산의 가장 중요한 장소 중 하나는 국가다. 바로 이 국가를 통해 정치적 관계·구조·갈등들이 구성되고 표현된다. 그런데 그것들은 경제적 재생산의 관계·구조·갈등 들에서 독립적이지는 않지만 별개의 다른 것들이다. 국가가 어느 정도로 경제에 종속돼 있는가는 극히 논쟁적 문제다. 적절치 못한 일차원적 기준을 도입한다면, 국가는 경제적(특히 자본주의적) 요구들로 환원가능하다고 주장하는 사람들에서 국가는 경제에서 자율적이라고 주장하는 사람들까지 논자에 따라 다양하다. 자본주의 국가의 성격에 관해서는 14장에서 논의할 예정이다. 그러나 여기에서 주제, 즉 소위 환원주의와 자율성의 문제는 더 일반적인 방법론적·이론적·경험적 의의를 지닌다. 중요한 것은 다음의 사항을 인식하는 것이다. 자본주의 경제가 비경제적인 것들 — 특정한 국가, 재산법, 관습, 정치 등 — 에 대해서 인과적 영향을 미치며, 동시에 비경제적인 것들 자체는 경제적인 것들에 의해 조건지어지지만 결정되지는 않는 효과들과 함께 형성된다.

물론 국가의 직접적 활동범위 밖에 놓인 사회적 재생산 영역들, 소위 '시민사회'에 대해서도 비슷한 판단이 적용된다. 사회적 재생산은 가계나 가족제도와 더 일반적인 사적 활동 영역에 의존하기도 한다. 그중에서도 특히 노동계급을 날마다 작업할 수 있도록 해 주는 소비 활동과 여타의 활동들이 중요하다. 지금까지는 노동의 사회적 재생산을 강조해 왔다. 그러나 경제적 재생산은 전체로서 자본순환이 재생산될 수 있도록 해주는 조건들의 형성과 변형에도 의존한다. 그 중에서도 특히 시장제도, 화폐제도, 신용제도가 중요한데, 이것들은 법률, 규제 등을 필요로 한다. 법률이나 규제들은 자본가들 중 일부의 희생을 통해 다른 일부의 이익을 촉진하는가 하면, 자본가들 사이의 경쟁이 과도하게 파괴적이 되는 것을 방지하기도 한다. 이런 사항들은 정치, 국가, 시민사회 전체의 과제가 된다. 추상적 수준에서는 오직 경제적 재생산을 위해 필요하고 또 그것이 유도하는 조건들만이 경제적 재생산과 사회적 재생산이 상호관련 속에 구조화되는 방식에 따라 식별될 수 있다. 어떻게 자본축적이 사회적으로 수용되는가? 자본축적을 둘러싼 갈등이 어떻게 처리되는가? 더 일반적으로 말해서 갈등이 어떻게 관리되고 억제되는가? 여기서 더 나아가기 위해서는 일정한 정도의 역사적 특수성을 도입하는 것이 필요하지만, 그것은 이 책의 범위를 넘어서는 과제다.

토의주제와 추가 독서 목록

앞장에서 시사한 것처럼 《자본론》 제2권에서 마르크스가 분석한 것은 그동안 무시돼 왔으며, 따라서 논쟁에서 상대적으로 자유로운 편이다. 그러나 이 말은 사회적 재생산에 대해서는 적용되지 않는다. 사회적 재생산은 마르크스주의 내외에서 끊임없이 논쟁의 대상이 돼 왔다. 논쟁의 영역은 경제적인 것과 비경제적인 것 사이의 관계와(그리고 양자가 상호 의존하거나 의존하지 않는 방식과), 비경제적인 것 자체의 상이한 측면들(국가와 정치의 자율성의 성격에서 '시민사회'의 기능에 이르기까지)을 포함한다.

이 장은 칼 마르크스(1978b, 3부)의 내용을 집중적으로 다뤘다. 위에서 개진된 사회적 재생산에 대한 해석은 벤 파인(1992b), 벤 파인·엘런 레오폴드(1993), 벤 파인·마이클 히스먼·주디스 라이트(1996)에 기초한 것이다. 또 존 윅스(1983)를 참조하라. 노동력 가치와 노동계급의 재생산에 대한 논의로는 벤 파인(1998, 2002, 2003)과 알프레도 새드-필호(2002, 4장)를 보라. 또 케네스 라피데스(1998)와 마이클 레보위츠(2003a)도 참조하라.

제6장
자본축적

앞장들은 생산양식으로서 자본주의가 가지는 특징을 설명했다. 이 설명은 자본축적과 세계의 지배적 생산양식인 자본주의의 역사적 발전을 이해하기 위한 틀을 제공한다. 왜냐하면 일단 자본주의에 고유한 생산관계들을 규명하고 나면, 그러한 관계들의 형성과 발전의 배후에 있는 체계적 힘들을 동시에 발생하는 다양한 현상들과 분리할 수 있기 때문이다.

마르크스는 영국 자본주의의 기원과 축적 강제의 근본적 구실을 해설하는 데 ≪자본론≫ 제1권의 많은 부분을 할애하고 있다. 이것은 마르크스의 역사변동 개념을 적용하고 확인하는 주요한 본보기임에 틀림없다. 여기에서는 단지 그가 쓴 저작의 개괄적 내용만을 제시할 수 있을 뿐이다. 더 깊은 이해를 원하는 사람들은 마르크스 자신의 분석에 관해서는 ≪자본론≫을 참조해야 할 것이다. 또 이후의 자본주의 이행들과 '산업혁명'의 원인과 성격, 시기와 장소에 관한 구체적 연구들에 관해서는 후대 마르크스주의자들의 저작들을 참조해야 할 것이다.

원시적 축적

자본주의의 본질적 특징 중 하나는 노동력이 상품으로서 존재한다는 것이다. 이를 위한 필요조건 중 하나는 소유, 즉 노동이 생산수단에 대한 권리에서 분리되는 것이다. 생산수단을 조달하기 위해서 노동자들은 다른 누구에겐가 의존한다. 왜냐하면 노동자들이 생산수단에 직접 접근할 수 있다면, 일할 수 있는 능력이 아니라 노동생산물이 판매될 것이기 때문이다(그러한 상황에서 생산물의 교환이 지속될 수 있는 경우). 동전의 다른 한 면은, 노동력을 미리 구입하고 생산수단의 소유를 유지하는 데 소요되는 화폐를 지닌 자본가의 존재다. 이러한 사회적 생산관계가 봉건적 생산관계에서 역사적으로 확립되는 것이야말로 자본주의 발생의 관건이다.

어느 사회에서든 가장 원시적인 상태를 넘어서고 나면 미래를 위한 생산수단을 형성하기 위한 저축물이 존재할 것이다. 그 저축은 사냥 무기, 곡물 종자, 가축이나 다른 도구들 등 다양한 형태를 띨 수 있을 것이다. 자본주의의 현저한 특징들 중 하나가 바로 이러한 저축률의 상승이다. 마르크스는 경제학자들이 일단 자본주의가 확립되고 난 후에도 저축의 형성을 활기찬 기업가들의 자기희생 — 이들은 소액의 이윤을 자기사업에 재투자한다 — 의 공으로 돌리는 일이 비일비재하다는 것을 발견했다. 최근에 다수의 발전 경제학자들은 발전에 대한 주요한 장애의 하나로 가난한 나라들에서 국민소득 중 너무 작은 부분이 저축된다는 사실을 지목한다.

마르크스는 그러한 협소한 견해를 비웃는다. 자본주의는 기존의 생산수단에서 노동자들을 강제로 분리하는 것에 기초를 두고 있다. 영국에서는 이 분리가 개별적 검약과 소농장, 가족기업에서 무욕의 노동 헌신의 누적된 결과라기보다는 대지주와 귀족, 국가의 강제에서 비롯됐다. 그것은 기존의 생산수단과 노동력의 전통적(봉건적) 이용에서 자본주의적 조직 속에서 사회적 이용으로 전환하는 것을 수반했다. 이것은 우선 추가 생산수단의 축적이 전혀 필요하지 않으며, 심지어 더 효율적인 이용조차도 필요하지 않다. 오직 기존 생산수단의 재배분와 새로운 관계에 따른 가동만 있으면 된다. 일단 이 일이 일어나기만 하면 경쟁적 축적은 그 자체의 동력을 갖게 된다(이하의 설명과 3, 4장 참조).

전자본주의 시대에 농업은 산출과 고용규모 면에서 압도적으로 지배적인 생산부문이었다. 따라서 이 부문은 '자유로운' 임금노동자 계급의 원천을 내포하고 있었다. 그렇다면 자본의 원시적 축적이나 초기 축적의 비밀은 농업 인구에게서 토지의 탈취, 개별적 독립경작의 권리나 관습(비록 봉건적 부담금을 지불해야 했지만)의 파괴에 있다. 이것은 시장교환의 필요성이 늘어나는 것에 반응하는 지주들이 개별적 차원에서 실행할 수도 있었다. 예를 들어 그것은 채무의 누적에 따른 지주의 압력, 지속적 인플레이션의 충격, 필요노동량이 점점 감소하는 곡물에 대한 양모의 상대가격 상승 등에 기인할 수도 있다. 직접적 원인들이 무엇이든, 이러한 폭력적 전환 과정은 격렬한 저항에 부딪쳐 국가권력이 돌파구를 열어 줄 것을 요구한다. 떠오르는 자본가 계급의 이익을 대표하는 국가의 개입은 두 가지 측면에서 이뤄졌다. 첫째로, 엔클로저 운동은 농민에게서 공동의 토지사용권과 개별적 토지사용권을 박탈했다. 저항은 격렬했고 확산됐지만 잔인하게 분쇄됐다. 그리하여 토지 없는 노동자 계급이 창출됐다. 둘째로, 임금법과 혹독한 '사회보장' 제도 ― 악명 높은 1834년 구빈법에서 정점에 이르렀다 ― 는 토지 없는 노동자들에게 장시간 노동과 산업규율을 강제했다. 이러한 전환들의 연쇄 충격이 대다수 농민을 임금노동자로 만들어 절대적 잉여가치의 잠재적 원천을 창출했다.

여기서 마르크스의 강조점은 기존 생산수단들의 축적이 아니라 그것들을 사용하는 방법의 전환에 있다. 기술진보와 생산의 재조직이 농업 산출을 증대시키는 데 기여함으로써 공업과 공업 프롤레타리아를 부양할 수 있게 한 것은 분명하다. 동시에 그러나 부차적으로, 기술진보는 농업생산의 투입물로써 요구되는 제조업 산출물의 증대에도 기여했다. 그러나 이러한 산출물 증가의 혜택을 체감한 노동자는 거의 없었다. 설령 그런 사람들이 있었다 하더라도, 산출물 증가의 혜택은 노동조건 악화와 생활양식의 파괴에 비춰 보면 무의미한 것이 돼 버렸을 것임에 틀림없다. 프롤레타리아의 창출에서 시장의 힘이 원만하게 작동한 것이 아니라 경찰·군대·조세제도·사법제도 등을 포함한 물리적 폭력과 국가가 가장 중요한 구실을 했다는 사실이 그것을 예증해 준다. 이것은 오늘날의 거의 모든 노동관계들과 대조를 이룬다. 오늘날의 노동관계들에서는 상대적으로 덜 강제적인 방법이 사용된다. 즉, 경제적 필요와 전통·교육·습관을 통한 경제적 필요의 확장이 노동계급에게 자본주의 생산양식의 조건들을 자명하고 도덕적으로 정당한 것으로 여기도록 유도한다. 오늘날 폭력이 전면에 나설 필요는 거의 없다(만약 필요하면 언제든 이용할 수 있지만 말이다). 왜냐하면 노동은 자본에 깊게 속박돼 있으며, 마치 지금까지 항상 그래 왔고 앞으로도 늘 그럴 것처럼 보이기 때문이다.

이상의 지극히 간결한 서술은 자본주의적 생산관계의 기원을 설명한다. 17세기까지 제1차 엔클로저 운동(18세기에 또 하나의 운동이 이어질 예정이었다)이 완료돼, 토지 없는 노동계급과 자본가 계급(최초에 기업농의 모습으로 나타났다)을 창출했다. 18세기에 국채, 조세제도, 보호무역, 식민지 약탈을 이용한 부의 축적이 절정에 달했다. 노동과 부를 자본주의적 관계 속에서 결합하는 일이 이러한 과정들에 수반됐다. 19세기는 급속도의 기술혁신과 가속으로 성장하는 산업 사회를 예고했다.

그러나 영국에서 자본주의의 형성이 다른 곳과는 상당히 달랐다는 점도 인식해야 한다. 농민층의 토지소유권을 강제로 박탈한 것은 다른 유럽 지역보다 광범했으며, 그 성격도 세계의 다른 지역에서 전개된 유사한 양상과 사뭇 달랐다. 영국에서는 인구의 대부분이 임금노동자로 전환됐다. 이것은 대토지 소유제도의 창출을 통해 달성됐다. 그 결과 상대적으로 소수의 귀족들이 사유지를 대부분 보유하게 됐다. 유럽의 다른 지역과 미국의 북동부에서는 농민층이나 그 일부가 더 소규모로 구획된 토지를 소유함으로써 자신들을 더 잘 방어할 수 있었다. 이것은 그들을 임금노동에서 훨씬 더 독립적이게 만들었다.

이러한 차이의 의의는 오늘날까지 지속되고 있다. 유럽의 다른 지역과 비교할 때 영국 농업의 특징은 여전히 농장의 규모가 더 크다는 데 있다. 또 영국의 농업부문 피고용자(자영업자) 수가 유럽의 다른 지역보다 지금도 상대적으로 더 적다. 마르크스가 영국에 집중해 원시적 축적을 분석하고 있다는 점에서 일종의 예외를 다루고 있는 셈이다. 그러나 농업인구에서 임금노동자 계급이 형성되는 것에 대한 그의 분석은 여전히 세계 다른 지역들에서 자본주의적 이행에 관한 분석의 본질적 출발점이 된다.

마르크스에게 자본주의로 이행할 때 결정적으로 중요한 요소는 전 자본주의적 계급관계들에서 임금노동자 계급의 형성이다. 그러나 이행의 직접적 원인과 그 메커니즘은 미결의 과제로 남는다. 원인과 메커니즘은 다양하고 복합적이다. 이것들은 이행 전후의 시장형성에서 상이한 요인들을 포괄한다. 예컨대, 국가의 구실, 신용에 대한 접근, 수출시장 확보 같은 것들 말이다. 자본주의로 이행하는 것은 그 내용과 궤도가 다양할 뿐만 아니라 마르크스주의 내부에서 그리고 마르크스주의와 다른 접근법들 사이에서 격렬한 논쟁의 대상이 돼 왔다. 이미 본 것처럼 이것은 그리 놀랄 만한 일이 아니다.

자본주의적 생산의 발전

영국에서 자본주의는 점진적으로 등장했다. 그것은 주로 유리한 경제적 조건들 — 귀금속의 발견과 축장, 낮은 지대와 임금, 부분적으로는 중상주의에서 촉발된 적극적 경제정책 등 — 이 중첩된 결과였다. 이어진 공업 자본주의의 발생은 시간이 덜 걸렸으며, 기존의 수공업자들과 길드에서 주로 발전해 나왔다. 또 그것은 자본주의적 농업에서 축출된 노동자들을 흡수하는 것에 의존했다. 농민층의 자급자족 위주의 생계가 종식돼 감에 따라 공업자본의 생산물에 대한 국내시장이

동시에 창출됐다. 과거에 농민층은 생산수단(특히 토지와 농업도구)의 통제를 통해, 봉건적 관습에 따라 자신들의 필요를 충족시킬 수 있었다. 자본주의가 출현하면서 잔존한 독립생산자들은 종자와 도구, 그리고 다른 농업 수단들을 미리 구입하기 위한 화폐가 필요하게 됐으며, 이런 사정이 그들을 임금노동자로 전환시켰다. 그러므로 자본이 가내생산을 파괴하는 것은 반드시 자본의 우월한 효율성 때문인 것만은 아니다. 실제로 가내생산은, 예컨대 착취공장들 안에 지금도 여전히 남아 있다. 오히려 독립생산은 자본주의의 발흥에 따른 사회적 변화때문에 파괴된다(더 일반적으로 말하면, 자본주의적 생산에 종속된다). 예를 들어 영국에서 농민층 몰락은 자본주의적 농장들과 벌인 경쟁 때문이라기보다는 토지에서 강제추방된 것과 투입물과 산출물의 상업화 때문이다.

영국의 산업자본주의 형성 초기 단계에 기술적 생산방법은 대체로 별다른 변화가 없었다. 그러나 노동자들은 생산수단과 투입물에 직접 접근할 수 없게 됐고, 따라서 자신의 노동과 산출물을 통제할 수 없게 됐다. 농민층의 소유권을 박탈한 것(앞의 서술 참조)은 임금노동자들을 '자유롭게' 만들었는데, 이 자유는 두 가지 전혀 다른 의미를 지닌다. 영주와 봉건체제가 부과하는 부담에 대한 자유와 생산수단에 직접 접근하는 것에 대한 자유. 이 '자유로운' 노동자들은 생계수단을 확보하기 위해 정기적으로 노동력을 판매하지 않으면 안 된다. 소유권 박탈은 영국 산업 노동계급의 핵심적인 역사적 원천들 중하나다. 다른 주요 원천은 독립수공업자에게 주문에 따라 재화를 생산하도록 — 후기에는 자본가적 중간상인이 소유하고 배급하는 중간재를 가공하도록 — 하청을 주는 것이다(선대제). 그 다음의 역사적 단계는 이 독립생산자들을 함께 모아 자본가 소유의 '울안', 즉 공장에서 일하도록 하는 것이다. 최초의 공장들에서 사용된 기술은 종전의 것 그대로였다(3장 참조).

공장제도의 출현은 단순히 하나의 기술적 발전인 것만은 아니었다. 그것은 일차적으로 독립수공업자들과 소유권을 박탈당한 농민들이 임금노동자로 전환되는 것을 완성하는 일종의 사회적 재조직 과정이었다. 마르크스는 이것을 자본에 대한 노동의 **형식적 종속**이라 부른다. 이러한 용어법은 노동이 자본에 효과적으로 복속됐지만 노동과정 그 자체는 본질적으로 변하지 않은 채로 남아 있다는 사실을 강조한다. 이 경우에 착취는 주로 절대적 잉여가치의 추출에 의존한다. 하루 12시간, 14시간, 16시간이나 그 이상의 시간으로 노동일을 늘린다거나, 어린이들을 고용하고 모든 가족 구성원을 쥐꼬리만한 임금으로 착취한다거나, 작업장의 안전을 무시하고 노동계급에게 악화된 생활조건을 강요하는 일 등이 그 예다. 불결과 질병, 기아의 위협과 대안 부재가 '자유로운' 노동자들로 하여금 '자발적으로' 노동계약에 서명하도록 강제하고, 가장 끔찍한 조건에서조차 '자진해서' 일하는 쪽을 선택하도록 강제했다. 이것이 자본주의의 핵심 제도 중 하나인 노동시장의 기초다.

공장제도는 그 출발은 초라했지만 사회와 개인의 생활 편제에 심원한 영향을 미친다. 그것은 새로운 노동조건을 창출하고, 생산과정과 사회적 재생산과정을 옛 모습을 찾아볼 수 없을 만큼 변화시킨다. 각 공장 안에서 기계는 점차 그 자체의 규율을 부과한다. 기계는 노동과정을 세분화해, 획일적인 반복 작업들로 만든다. 그러한 작업들은 자본의 대리인들이 쉽게 감시할 수 있다. 라인 관리자들, 감독들, 회계원들, 시간확인 요원들과 그들의 계선상의 상급자들이 그러한 업무를 담당하는 사람들이다. 그들의 업무 성과는 이사회가 그리고 선진자본주의에서는 궁극적으로 기업의 거래은행과 주주가 평가한다.

기계화 과정, 노동의 세분화와 자본주의적 통제를 통해 공장제도는 독립수공업자들과 숙련기술자들을 기계의 부속물로 전락시킨다. 공장노동자들은 기계를 조작하는 대가로 임금을 받는다. 그러나 그들은 단순히 낯선 고정자본을 돌보는 사람에 불과하다. 마르크스는 이것을 자본에 대한 노동의 **실질적 종속**이라 부른다. 공장 내부에서 그리고 경제 전체에서 세부적 협업은 전문화를 동반하는 더 정교한 분화와 뚜렷한 차이를 보인다. 노동의 실질적 종속은 상대적 잉여가치의 추출에 기초한 고유한 자본주의적 생산의 시작을 의미한다. 이러한 수단들은 자본주의가 자신의 우월한 효율성을 기초로 다른 생산형태들을 패배시키는 경제적 공성 망치다. 동시에 공장 밖에서는 도시들이 급속히 성장하는 산업중심지가 돼 도시와 농촌 사이의 모든 관계를 파괴한다. 경제 전체로 그리고 전 세계로 자본주의적 생산방법들이 전파됨에 따라 생활 자체가 혁명적으로 변화된다.

경쟁과 자본축적

자본주의적 경쟁은 서로 다른 경로를 통해 감지된다. 생산영역의 경쟁은 기계화를 통해 노동의 실질적 종속과 상대적 잉여가치 추출을 가져온다. 제도적으로 그것은 상보적인 소유·통제 시스템의 확산과 관련돼 있다. 그 시스템들은 '화이트칼라' 노동자들, 관리자들, 중역들, 주주들, 금융제도, 국가로 이어지는 일련의 복합적인 위계들을 포함한다. 이러한 시스템들은 종종 노동자의 복지를 희생해 기업의 효율성을 극대화하려 한다. 마지막으로 교환의 차원에서 기업들은 생산수단, 노동력, 완제품 시장을 포함하는 복수의 시장에서 동시에 경쟁에 몰입하게 된다. 모든 차원에서 자본들은 외견상 익명의 '시장의 힘'의 손안에 놓여 있는 자신들을 발견한다. 그 시장의 힘이란 바로 축적하려는 자본 일반의 명령을 말하며, 이 명령이 각 개별 자본의 행동을 결정한다.

이러한 경쟁 통로들을 구분하고 그 결과들을 설명하기 위해, 마르크스는 자본주의에서 경쟁의 두 가지 상이한 형태를 식별한다. (동일한 사용가치를 생산하는 동일한 산업 내에서 벌어지는 자본들 사이의) 부문 내 경쟁과 (상이한 사용가치를 생산하는 상이한 부문들 사이의) 부문 간 경쟁.

부문 내 경쟁은 《자본론》 제1권에서 검토하고 있다. 이 경쟁 형태는 기술 변화의 원천과, 유사한 재화들을 상이한 기술로 생산하는 자본들의 이윤율이 차별화되는 경향과, 불비례·과잉생산으로 발생하는 공황의 가능성을 설명해 준다(제7장 참조). 똑같은 상품들을 생산하는 다른 자본들과 경쟁하는 기업은 오직 다른 기업들보다 효율적이 됨으로써만, 즉 단위비용 절감을 통해서만 평균이윤의 확보를 자신할 수 있다(또는 시장지배율을 유지하고 파산을 피할 수 있다). 이것은 노동과정에 대한 가차 없는 규율과 광범한 통제, 기계화, 생산적 기술의 부단한 도입 그리고 규모의 경제(평균 고정비용을 줄이는 대규모

생산을 통한 비용극소화)를 요구한다.

이러한 부단한 동요는 개별 자본가의 사악함이나 가혹함이 아니라 체제의 강제에서 비롯한 것이다. 이러한 힘들이 모든 자본가들에게 경쟁적 축적이라는 상황을 만들어 낸다. 생존의 조건은 축적경쟁에 참여하는 것이다. 따라서 경쟁자들은 이용할 수 있는 모든 기술적 개선을 채택할 뿐 아니라 혁신함으로써, 그 기술을 처음 도입한 기업들의 이점을 무산시키는 한편 추가적 기술진보의 유인을 경제 전반에 걸쳐 유지시킬 것이다. 이 싸움은 경제적 효율성을 높이고, 모든 기업, 농장, 점포나 사무실에서 생산되는 (임금재를 포함한) 상품들의 가격을 낮춘다(상대적 잉여가치). 나아가 이 싸움은 대자본들을 강화시키는 경향이 있다. 그들은 더 많은 금액을 더 오랜 기간 동안 투자할 수 있다. 따라서 그들은 더 넓은 범위의 생산기술들을 선택할 수 있고, 최상급의 노동자들을 채용할 수 있다. 이것은 다시 그들이 가진 애초의 우위를 강화시키며, 열위의 경쟁자들을 파멸시키는 경향이 있다(이러한 과정에 대한 중요한 반대 경향들로는 경쟁기업들로 기술혁신이 전파되는 것, 발명과 실험을 통해 기존 기술들의 우위를 침식할 수 있는 소자본들의 능력, 대외적 경쟁 등을 들 수 있다).

마르크스가 식별한 두 번째 경쟁형태는 상이한 사용가치들을 생산하는 자본들 사이의 부문 간 경쟁이다. 이 경쟁형태는 ≪자본론≫ 제3권에서 검토하고 있다. 이 경쟁형태는 단순상품생산자들 사이의 시장경쟁과 유사하다. 그러나 후자는 교환영역에 한정된다. 이윤극대화는 위에서 설명한 것 같은 생산기술과 노동관행의 전환을 가져오는 대신, 다른(아마도 수익성이 더 나은) 부문들로 자본이동을 야기할 수 있다. 이러한 운동은 수요 구조변화, 신제품 개발, 다른 부문에서 가질 수도 있는 이윤 기회 등에 대한 반응일 수도 있고, 단순히 주식시장의 단기적 자산구조 재조정 때문일 수도 있다. 결과적으로 자본이동은 노동과 자본의 배치와 경제 전체의 잠재 생산력을 변화시킨다. 자본이동은 수익성이 더 좋은 부문들에서 공급을 증가시켜, 초과이윤을 감소시키는 경향이 있다. 부문 간 경쟁의 직접적 결과는 이윤율과 임금률의 **균등화** 경향이다. 이 경향은 경제 주체들이 시장에서 자기 상품에 대해 최대의 교환가치를 추구하는 데서 비롯한다. 또 이 경쟁 형태는 가치의 표현을 가격(나중에 생산가격이 된다)으로 전형시킨다 (제10장 참조).

마르크스는 부문 내 그리고 부문 간 경쟁의 상충하는 힘들은 각각 다른 차원에서 작동한다고 주장한다. 전자는 후자보다 더 추상적이고 상대적으로 더 중요하다. 그 이유는 첫째로, 이윤이란 먼저 그것이 생산된 후에 분배되고 경향적으로 균등화될 수 있기 때문이다. 둘째로, 자본이동은 개별 자본의 이윤율을 증가시킬 수 있지만, 기술진보는 총자본의 이윤율을 증가시킬 수 있기 때문이다. 나아가 자본축적의 모순적 동학에 관한 마르크스의 분석에서는, 서로 다른 경쟁 형태들이 촉발한 상충하는 힘들이 단순히 모아져서 주류 경제학에서처럼 정태적인 결과들(예컨대 이윤율의 분산을 통한 가차 없는 자본집중이나 이윤율 균등화를 수반하는 균형)을 가져올 수는 없을 것이다. 만약 그런 상태에 도달할 수 있다 하더라도 그것은 경쟁상의 유리한 위치를 차지하려는 끊임없는 시도 때문에 곧 교란된다. 경쟁은 절대로 평온한 과정이 아니다. 때때로 경쟁은 불안정과 경제위기를 야기한다. 마르크스에게 경쟁 분석은 더 복합적인 구조와 과정들을 — 이것들은 상이한 차원과 시장에서 영향력을 행사한다 — 이해할 수 있는 기초를 제공한다.

자본축적은 이러한 두 가지 형태의 경쟁(양자 모두 금융제도의 자금을 제공받는다)이 상호작용한 결과다. 자본가가 축적할 수 있는 잠재능력이 경쟁력을 제약한다. 축적의 원천은 양면적이다. 한편으로, 자본가는 이윤을 재투자해 시간이 지나면서 자본을 쌓을 수 있다. 마르크스는 이것을 **집적** 과정이라 불렀다. 다른 한편으로, 자본가는 차입하고 합병함으로써 자본주의적 생산의 기존 자원들을 끌어 모을 수 있다. 마르크스는 이것을 **집중** 과정이라고 불렀다. 집적은 상속으로 희석되는 더딘 과정이다. 그러나 집중은 고도로 발달한 신용 메커니즘과 주식시장을 지렛대 삼아 집적이 1백 년은 걸려야 이룩할 일을 눈 깜짝할 사이에 해치워 버린다.

개별 자본가들이 축적하는 한, 개별 자본에 적용되는 것은 총자본에도 적용된다. 이것은 사회적 자본축적, 더 확대된 규모에서 자본과 자본주의적 생산관계의 재생산, 프롤레타리아의 증가와 생산력의 발전 속에 반영된다. 그러나 경쟁에 대한 개별 자본가의 해결책은 사회적 규모로 재생산되지 않는다. 경쟁자들도 축적을 수행하며 그 결과 경쟁 자체가 부문 내부와 부문 사이에서 모두 재생산된다. 경쟁은 축적을 불러일으키고 축적은 경쟁을 낳는다. 축적과정에서 뒤로 처지는 자들은 몰락한다. 우선 독립수공업자들과 기타의 생산양식들이 생산성의 진보, 대량생산, 냉혹한 시장 평가로 일소된다. 이어서 자본은 자신에게로 화살을 돌린다. 집중, 신용과 집적이 점점 더 많은 자본을 더 적은 수의 손 안으로 끌어 모음에 따라, 대자본이 소자본을 파괴한다. 결론적으로 말하면, 자기증식하는 가치로서 자본은 상호 경쟁적이고 분리돼 있는 단위들 속에 존재하며, 이러한 존재양식이 경쟁을 유발하고, 경쟁전은 축적을 통해 수행된다. 축적해야 할 필요성은 각 개별 자본가에게는 하나의 외부적 강제력으로 느껴진다. 축적하든지 아니면 죽든가다. 예외는 거의 없다.

토의주제와 추가 독서 목록

영국의 원시적 축적에 대한 마르크스의 연구는 마르크스(1976, 8부)에서 찾아볼 수 있다. 상이한 지역들의 자본주의의 역사적 기원을 다룬 뛰어난 연구들로는 로버트 브레너(1986), 테리 바이어(1996), 블라디미르 일리치 레닌(1972), 엘런 우드(1991, 2002) 등이 있다. 이에 관한 비판적 종합으로는 마이클 페렐만(2003)을 보라. 봉건제에서 이행한 것으로서 자본주의의 기원은 마르크스주의 안팎에서 치열한 논쟁의 대상이 돼 왔다. 돕-스위지 논쟁에서는 봉건적 생산과 계급관계의 내재적 발전(돕)과 외부적이고 해체적인 상업의 역할(스위지)의 상대적 중요성이 관심의 대상이었다(상응하여 양자는 농촌과 도시, 생산자와 상인을 각각 강조했다). 이 논쟁의 주요한 문건들의 목록은 로드니 힐턴(1976)에 포함돼 있다. 이 논쟁은 소위 '브레너 논쟁'으로 이어지는데, 이에 관해서는 트레버 애쉬턴·찰스 필핀(1985)을 보라. 자본주의로 이행한 것은 원래 기술적 생산방법 그 자체의 문제라기보다는 어떻게 생산을 조직하고 지배할 것인가의 문제라는 생각에 대해서는 스티븐 마글린(1974)을 또한 참조하라.

마르크스는 자본주의적 재생산과 축적에 대한 자신의 이론을 마르크스(1976, 7부)에 설명한다. 경쟁과 축적에 대한 이 장의 분석은 벤 파인(1980, 2, 6장)과 알프레도 새드-필호(2002, 5장)에 기초한 것이다. 파레쉬 사토패디아(1994, 2장), 데이비드 하비(1999, 4~7장), 존 윅스(1981, 6장, 1985~1986) 등을 또한 참조하라.

제7장
자본주의와 공황

자본주의가 팽창하는 까닭은 무엇인가? 그것은 자본주의가 경제적 힘들을 해방시키며, 이 경제적 힘들은 모든 개별 자본으로 하여금 (그리고 어느 정도까지는 노동자들을) 총자본의 축적에 적합한 방식으로 행동하도록 강제하기 때문이다. 이 정도의 내적 정합성에도 불구하고, 자본주의에는 심각하고 치유 불가능한 결점이 있다. 왜냐하면 자본주의에서는 인간의 필요가 이윤동기에 예속됨으로써, 자본의 재생산의 범위를 제한하는 위기들과 모순들이 야기되기 때문이다. 이러한 긴장들과 한계들을 이하에서 논의하며, 제14장에서 다시 검토할 것이다.

마르크스의 축적과 공황이론

자본주의 경제에서 규칙적인 공황의 가능성과 대비되는 것으로서 그 필연성에 관한 마르크스의 이론은 경쟁, 계급갈등, 이윤율저하경향법칙(LTRPF)의 상호작용에 기초하고 있다. 이윤율저하경향법칙에 대해서는 제9장에서 논의할 것이다. 잠시 동안은 이윤율의 직접적 변동과 무관하게 공황이 발생할 수 있다는 것을 인식하는 것으로 족하다. 실제로 공황은 자본순환 외부에서 기원한 요인들, 예컨대 사회적·정치적·금융적·기술적 격변들 때문에 발생할 수도 있다. 자본이 수익성 제고에 필요한 '구조조정'을 수행할 능력을 갖지 못해서 이윤율이 하락할 수 있다거나, 주식시장이 '나쁜' 뉴스에 취약성을 갖고 있고 그것이 경제적 재생산에 여파를 미친다거나 하는 것들은 너무나 익숙한 일들이다. 핵심 산업 부문의 과잉생산으로 발생한 가격 파괴, 중요한 금융기관들의 붕괴, 대외무역이나 국내의 정치적 소요로 촉발된 불안정성 등도 공황의 잠재적 원인 목록에 포함된다.

이윤을 얻기 위한 사용가치 생산과 사용가치의 개별적(더 정확히 말하면 사적) 소비 사이의 모순 때문에 공황은 언제나 발생할 수 있다고 마르크스는 주장한다. 자본주의에서는 사용을 위한 생산이 아니라 교환을 위한 생산이 지배한다. 따라서 어떤 상품의 과잉생산이 사회적 골칫거리로 등장할 수 있는 것은 자본주의에서뿐이다. 다른 사회에서라면 과잉생산은 소비의 증가를 의미하므로 축하할 일이 될 것이다. 그러나 자본에게는 소비만으로는 부족하다. 지속적 축적은 이윤의 실현을 요구한다. 이윤의 실현 여부는 판매에 달려있다. 판매가 불가능할 경우에 생산이 줄어들 수 있고, 전체로서 자본은 활동 규모의 축소를 강요당할 수 있다.

예를 들면 특정 상품을 생산하는 일군의 자본가들이 경제 영역이나 다른 영역에서 일어난 어떤 불안 요인에 휘말릴 수 있다. 그런데 이 자본들의 확대재생산은 다른 자본순환들과 긴밀하게 연계돼 있다. 그들의 투입물 수요는 다른 자본가들의 공급이고, 그 역도 마찬가지다. 경제는 서로 맞물려 있는 톱니바퀴들처럼 함께 연결돼 확장하고 있는 순환들로 구성된 시스템으로 간주될 수 있다. 만약 일단의 톱니바퀴들의 속도가 떨어지거나 끼익 소리 내며 선다면 시스템 내의 다른 톱니바퀴들도 그럴 것이다. 예를 들어 의류산업이 확장되려면 직물생산이 반드시 그에 발맞춰 증가해야 하고, 또 그러기 위해서는 더 많은 아마와 면화 그리고 기계의 생산이 필요하며, 나아가 이 모든 산업들이 더 많은 노동자와 금융을 이용할 수 있어야만 한다. 이처럼 자본들 간의 상호연결은 불가피하지만 계획되지 않고 또 경쟁적이다. 이 때문에 마르크스는 자본주의적 생산의 무정부성에 관해 이야기한다. 이 대목에서 마르크스는 케인즈의 최상의 통찰들 중 일부를 특히 자신의 재생산 표식을 통해서 예견한다. 그러나 마르크스의 분석은 많은 측면에서 더 멀리 더 깊게 나아가, (유효) 수요에 관한 고찰을 잉여가치의 생산과 축적의 원천에까지 확장한다. 그리하여 그는 공황이란 축적 속도를 강제로 변화시키는 것일 뿐 아니라 축적의 내부구조를 강제로 변화시키는 것이기도 하다고 주장한다. 그는 공황을 필요한 것으로 보는데, 공황이 없을 경우 온존할 축적의 내부 모순을 강제로 해결한다는 의미에서다. 뿐만 아니라 공황은 불가피하기도 한데, 그 이유는 다음 절에서 살피기로 하자.

공황의 가능성

대개의 경우 공황이론은 개별적 자본순환의 단절에서 출발하며, 생산과 구입에 관한 사적 의사결정들의 사회적 결과를 함께 다룬다.

하나의 자본순환은 그 연결고리들 중 어느 곳에서도 단절될 수 있다 (제5장 그림 5.1 참조). 단절은 자본가의 입장에서 볼 때 자발적일 수도 있고 비자발적일 수도 있다. 자본가는 순환이 계속되는 것을 허용할 수 있지만 그러고 싶지 않을 수도 있고, 순환이 계속되기를 바라지만 그렇게 할 능력이 없을 수도 있다. 첫 번째 경우의 자본가는 투기를 하고 있는 셈이다. 이 경우에 자본가는 순환을 연기함으로써 수익성이 증대하기를 기대하거나, 독점적 지위를 창출하거나 이용할 수 있게 되기를 바라고 있다. 두 번째 경우의 자본가는 자신의 직접 통제를 벗어난 힘에 예속돼 있다.

순환의 단절이 생산영역 안에서 발생하는 일은 거의 없을 것이다. 그것은 노동자들이 쟁의 행동을 취하거나, 아니면 중대한 자연재해나 (불리한 금융환경에서 발생한 급격한 기술적 변동을 포함한) 기술적 격변이 발생한다든지 하는 예외적 경우에 한한다. 거의 모든 공황들은 구매·판매·투자의 능력이나 의사 부재의 형태로 유통영역 안에서 발생하는 것처럼 보일 것이다. 순환도식 안의 $M-C\!<^{MP}_{LP}$ 가지를 생각해 보자. 여기서 자발적 단절이란 C는 판매가 가능한 반면, M의 소유자는 더 낮은 투입물 가격을 예상하거나 그러한 가격하락 상황을 조성할 수 있기를 희망하는 것을 의미한다. 특히 노동 투입물에 대해서는 잉여가치율을 높이기 위한 전략의 일환으로 고용수준을 감소시킴으로써 (또는 감소시키겠다고 위협함으로써) 가격하락을 달성할 수 있다.

순환의 단절은 비자발적일 수도 있다. 투입물의 소유자들은 '독점적' 지위를 창출하려고 하거나 이용하려고 할 수 있다. 특히 노동자들은 파업할 수 있다. 다른 한편으로, 전기(前期)의 사회적 생산에서 산출물들이 (부분적으로 이번 기의 투입물들이) 잘못된 비율로 생산된 관계로, 투입물들의 이용이 불가능할 수도 있다. 이것은 특정 상품의 초과수요와 다른 어떤 부문에서는 초과공급을 야기할 것이다. 만약 이러한 상황이 많은 생산자들과 부문들에 일반화된다면, 그 상황은 불비례 공황이라 불린다. 공급이 부족한 상품이 노동력일 경우에는 위의 언급은 수정될 필요가 있다. 그 경우에는 노동력에 대한 초과수요와 함께 (사용되지 않은) 화폐자본의 초과공급이 동시에 존재할 것이다.

유통영역 안에서 발생하는 단절은 C'과 M' 사이에서도 나타날 수 있다. 자발적 단절의 경우에 자본가는 상품자본의 미래 가격을 예상하고 투기할 수 있다. 다른 한편, 생산물의 판매가 불가능할 수도 있다. 이것은 문제의 상품이 과잉공급되고 있음을 의미한다. 이것은 불비례 때문일 수도 있고, 정상적 상황이라면 해당 상품을 구매할 사람들이 지불할 화폐가 없거나, 신용을 이용할 수 없거나, 수익성 전망이 나쁜 관계로 그렇게 하지 않기 때문일 수도 있다. 예를 들어 어떤 이유에서든 다른 순환들이 단절된다면, 노동자들, 자본가들과 여타의 사람들이 자신들의 일정한 화폐소득을 얻을 수 없게 되고, 따라서 화폐지출을 일정한 규모로 하지 않게 될 것이다. 마지막 상황이 일반화되는 경우가 과소소비 공황으로(또는 다른 관점에서 과잉생산 공황으로) 알려져 있다. 상품은 화폐를 사랑하지만 진정한 사랑의 길은 결코 평탄하지 않다고 마르크스가 말했을 때, 그는 문제 전체를 일목요연하게 정리한 셈이다.

마르크스주의자들은 과소소비/과잉생산 공황과 불비례 공황을 관찰할 때, 통상적으로 마르크스의 재생산 표식에 따라 경제를 투자와 소비 두 부문으로 나눈다(제5장 참조). 일부 논자들은 소비재 공급이 수요를 초과하는 지속적 경향이 있다고 주장해 온 반면, 다른 논자들은 불비례한 투자재 과잉생산 경향이 존재한다고 주장해 왔다. 양쪽 모두 논리적으로 가능하다. 그러나 불비례―한 부문의 과잉생산과 다른 한 부문의 과소생산―는 소비재 부문과 투자재 부문 각자의 내부에서 발생할 수도 있고, 양 부문 사이에서 집계치 수준에서 발생할 수도 있다. 이 모든 것들을 고려해 보면, 소비재가 과잉공급 상태인 불비례 공황을 과소소비 공황으로 혼동할 가능성이 있음을 알 수 있다. 과소소비 공황은 상품들의 일반적 과잉생산 현상과 (동시에 수반하는) 산업상의 일반적 과잉설비 현상으로 특징지어질 것이다. 그리고 이 현상들은 어떤 외부적 교란 요인에서 야기돼야 한다. 불비례 공황은 그러한 외부적 영향을 전제하지 않는다. 오히려 불비례 공황 그 자체가 과소소비 공황을 일으키는 경향을 가질 수 있다.

자본주의적 생산의 무정부성, 시장가격의 등락, 신용제도의 변덕, 투기, 독점화, 기술진보에 따른 고정자본의 경제적 노후화(老朽化) 등을 고려할 때, 개별 자본순환들의 단절은 무한히 반복해서 발생할 것이다. 때때로 이러한 요인들은 공황을 야기할 만큼 충분히 중요할 수 있으며, 공황의 정도는 경제적 재생산의 조정 패턴에 달려 있을 것이다. 하지만 공황의 가능성에 대한 이러한 설명은, 자본주의적 생산의 동기, 즉 이윤을 제쳐 놓고 있기 때문에 제한적일 수밖에 없다. 자본가의 입장에서 가장 중요한 요소는 자본순환을 통해 추출되는 이윤의 양이다. 만약 s가 충분히 크다면, 자본순환에 대한 모든 장애요인들은 극복이 가능하다. 만약 수익성이 개선되고 있다면, 자본가는 미래의 더 높은 이윤을 기대하며 머뭇거리거나, 임금인상을 거부하지 않을 것이다. 즉 어떤 방식으로든 이윤획득 과정을 방해하려 하지 않을 것이다. 마찬가지로 금융제도는 수익성이 명목상에 불과할 정도로 하락한지 한참 뒤에도 여전히 투기 붐을 연장할 수 있다. 이것은 공황의 빈도를 줄일 수 있다. 그러나 그 대가로 실제로 발생하는 공황의 심도는 커진다. 결국 충분한 수익성이 주어졌을 때, 공황의 잠재적 원천은 무시할 수 없는 것이 된다. 이윤은 공황으로 향하는 길의 요금을 지불하고 그 길을 포장할 수 있다.

그러나 이윤의 생산을 확장할 능력이 제약받게 되면, 파산으로 일부 자본가들이 생산에서 추방될 뿐만 아니라 전반적으로 비관주의가 지배하게 되고, 생산이 감축돼 공황이 발생하게 될 것이다. 이윤율의 운동은 판매조건 외에도 가치의 운동에 좌우된다. 제3장에서 본 것처럼, 경쟁적 축적과정에서 모든 상품의 가치들은 빈번히 하락한다. 개별적 이윤추구는 상품들의 단위가치들을 줄이는 것을 통해 이뤄진다. 단위가치를 줄이기 위해서는 생산에서 살아 있는 노동을 상대적으로 추방해야 한다. 그러나 노동은 가치의 원천이다. 이것이야말로 자본주의의 모순적 형상이다. 마르크스는 이것을 이윤율저하경향법칙의 맥락에서 분석한다(제9장 참조).

과잉생산·과소소비·불비례·이윤율 저하에 기인한 공황에 관한 이론들은 방대한 문헌들을 낳았다. 그러나 이 접근법들 각각을 따로 떼어 놓고 보면 모두 한계가 있다. 그것들 각각은 나름의 이론 체계를 가진 상호 경쟁하는 마르크스주의 공황이론이라기보다는, 마르크스 공황이론의 각 측면으로 분석하는 것이 더 유용할 것이다.

부문 내 경쟁(제6장 참조)은 산업부문들 사이의 불균등(불비례)발전 경향과 산업부문들 내부의 과잉생산 경향을 낳는다. 특정 환경에서, 아마도 이윤율 저하와 연계돼, 이러한 과정들은 일반적 공황을 낳을 수 있다. 그러나 그러한 연계들보다 중요한 것은 공황의 근본 원인이다. 마르크스에게 자본주의의 공황은 생산력(그리고 실현돼야 할 잉여가치)의 무제한적 발전이라는 자본주의의 경향과 사회의 제한된 생산물 소비능력 사이의 모순에 기인한다. 이러한 환경에서 경제가 안정되려면 생산물 가운데 점점 더 많은 부분을 자본가들이 투자목적으로 구매해야 하는데, 그것은 항상 가능한 일은 아니다. 그러므로 자본주의는 점점 더 공황에 빠지기 쉽게 된다. 생산이 수익성의 실현을 넘어서 발전하게 되면 공황이 일어난다. 이것은 서로 다른 이유들 때문에 일어날 수 있다. 구체적인 공황들을 설명하는 데서 문제가 되는 것은 그것들의 근본 원인 — 사용가치 생산의 잉여가치 생산에 대한 예속 — 이 불비례·과잉생산·과소소비·이윤율 저하를 통해 어떻게 자신의 모습을 드러내는가이다.

축적, 공황 그리고 프롤레타리아의 발전

자본축적이 진행되지만 미리 지출된 불변자본 대 가변자본의 비율(c/v)은 변하지 않는다고 하자. 만약 실질임금도 역시 불변이라면 노동의 고용은 반드시 증가한다. 노동공급이 임금상승 없이 무한히 증가할 수 있다고 기대하는 것은 비현실적일 것이다. 다른 한편 임금률이 임금재 부문의 생산성보다 빠른 속도로 증가한다면, 이윤율에 대한 압박

이 있을 것이고, 축적률이 감소하는 경향이 생겨날 것이다(잉여가치 생산을 위협하는 수준까지 임금이 상승한다면 자본축적 자체가 아예 존재하지 않게 될 것이다). 그러나 축적속도가 완만해지면 노동수요의 증가속도도 감퇴한다. 그리고 노동의 힘이 실업과 함께 쇠퇴함에 따라 임금상승 압력이 줄어든다. 이윤율이 회복되고 그와 더불어 축적이 다시 시작되고 순환이 반복된다(이러한 논리전개는 c/v 비율이 변할 경우 수정돼야 한다. 제8장 참조).

이상이 마르크스가 19세기 초에 목도한 10년 주기의 경기순환들을 특징지은 방식이다. 그는 또 이 경기순환들을 동시에 일어나는 고정자본 갱신과 상업신용의 휘발성에 연계시켰다. 고전학파 정치경제학자들과는 대조적으로, 그는 고용의 변동을 축적률의 변동과 그것이 임금과 이윤율에 미치는 영향으로 설명한다(그 역이 아니다). 그는 임금이 생존비 수준 이하나 이상이 되면 노동자의 성적 재생산이 반응해서 프롤레타리아의 규모가 줄고 늘기를 반복한다는 맬서스주의적 학설을 터무니없는 억설이라고 봤다. 이 학설은 10년 주기의 순환을 전혀 설명할 수 없다. 마르크스는 고전학파 경제학자들에 대해서도 매우 비판적이었는데, 그들은 농업생산의 수확체감이라는 관념에 사로잡혀 있었다(제13장 참조). 대조적으로 그는 자본의 생산성을 강조했다. 총량차원에서 보면, 경제활동 수준은 축적률의 변화에 따라 결정되며, 또 완만히 변동하는 것처럼 보인다. 그러나 이것만큼 진실과 괴리된 것은 없다. 개괄적 상황묘사는 특정한 자본주의 경제 내부의 생산부문들 사이의, 그리고 지리적 지역들 사이의 심대한 편차를 은폐할 수 있다. 더구나 이미 본 것처럼, 자본은 생산성을 증가시키고 살아 있는 노동을 생산과정에서 추방하는 경향을 가지고 있다.

자본주의에서 기술 변화는 살아 있는 노동을 절대적으로 절약할 뿐 아니라, 다른 생산수단들에 견줘 상대적으로도 절약한다고 마르크스는 주장한다. 이것은 공장제도의 도입에 따른 규모의 경제와 새로운 기계의 사용으로 달성된다. 따라서 노동자 일인당 기계의 양이 증가할 것이고, 이것은 자본의 기술적 구성(제8장 참조)을 증가시킬 뿐만 아니라 생산과정의 속도를 증가시킬 것이다. 개별 노동자는 주어진 양의 원료를 이전보다 짧은 시간에 처리해서 넘길 것이고, 그리하여 각 상품을 생산하는 데 사회적으로 필요한 노동시간이 줄어들 것이다.

생산에서 살아 있는 노동을 추방하는 것은 총생산의 급속한 증가 때문에 고용의 전반적 확대와 함께 일어날 수 있다. 그러나 경쟁적 축적은 조화롭지 못한 양상으로 진행된다. 산출과 고용은 부문들, 그리고 지역들에 걸쳐 균형이 잡힌 비율로 확장되지 않는다. 기술이 변화함에 따라 어떤 경우에는 노동력과 생산수단이 부족하기도 하고 다른 경우에는 과잉이 되기도 한다. 그러나 **모든** 생산과정들에서 살아 있는 노동의 배제는 실업으로 향하는 끊임없는 노동의 흐름을 만들어 내고, 과잉인구를 형성한다(이 흐름은 경제적 팽창과 새로운 부문들과 축적 방법들의 출현으로 완화된다). 마르크스는 이것을 **산업예비군**이나 과잉인구라 불렀다. 인구 과잉이 맬서스 학설에서처럼 노동자들의 생물학적 재생산이 아니라 자본축적으로 창출된다는 점을 주목하라. 산업 예비군 가운데는 영구적 실업상태로 빈곤의 나락에 떨어져 있는 계층이 있기 마련이다. 그것은 한편으로 축적의 리듬과 특징들과, 다른 한편으로 자본주의적 고용에 대한 그들의 부적합성이 결합된 결과다. 그들이 부적합하다고 판명되는 것은 나이, 성, 과거의 경험 (부족), 무능력 등 여러 가지 이유가 있을 수 있다. 산업예비군의 규모가 클수록 고용을 위한 경쟁이 치열해지고 임금은 낮아질 것이다. 그러나 산업예비군과 영구 실업 계층의 절대적 규모가 커질수록 빈곤과 불행의 정도도 커진다. 마르크스는 자본주의의 이러한 특징을 추출해 **자본주의적 축적의 일반법칙**이라 불렀다.

지금까지 우리는 자본축적이 프롤레타리아에게 부과하는 요구, 즉 개인적·사회적 삶의 부단한 파괴를 분석했다. 특정한 변화들은 정치적·경제적·이데올로기적·법률적 강제를 통해 강요될 수도 있고, 임금과 기술적 요구의 변화 때문에 시장을 통해 유도될 수도 있다. 특정한 방법의 선택과 그 결과는 두 계급의 배후에 있는 조직화의 강도에 의존할 것이다. 자본축적과 함께 집중이 심화되고, 그와 동시에 국가의 힘과 조직력, 강제력이 커짐에 따라 자본가 계급의 힘은 증대된다. 마르크스는 자본이 집중됨과 동시에 노동대중도 생산에 집중된다고 주장한다. 사회적 조직화는 노동대중의 정치의식과 경제활동을 자극하며, 이것은 정치적 삶에서 그들의 영향력을 늘린다. 축적이 진행되면서 프롤레타리아의 힘과 조직, 규율도 그 물질적 조건의 발전과 함께 성장한다.

자본주의는 사회의 생산 잠재력을 발전시키는 적극적 구실을 수행하며, 경제적 효율성의 원칙들을 보편적으로 통용되는 가치규범으로 만들고, 그리하여 공산주의를 위한 물질적 조건들을 창출한다. 그러나 동시에 자본주의는 역사상 가장 **파괴적인** 생산양식이다. 경쟁적 조건에서 잉여가치 추출·실현·축적이라는 모순적 힘들 때문에 자본주의 경제는 항상 불안정하다. 이 불안정성은 구조적이어서 최상의 경제정책도 그것을 회피할 수 없다. 제6장에서 본 것처럼, 경쟁은 모든 개별 자본에게 노동생산성을 늘릴 방법을 찾도록 강요한다. 이것은 일반적으로 기계화의 정도, 기업 내와 기업간 노동과정의 통합, 잠재적 생산 규모를 늘리는 기술 변화를 수반한다. 그러나 이러한 과정들은 항상 불균등하고 낭비적이다. 그것들은 대규모 고정자본 투자, 투기, 노동시장의 변화, 탈숙련화, 구조적 실업, 파산, 공황, 그 수단이 이미 존재하지만 충족되지 않는 기본욕구의 창출과 결부돼 있다.

축적은 자본 파괴의 담당자, 즉 노동자들의 발전과 그러한 파괴의 논거 ─ 사회의 생산적 잠재력을 이용해 사회적으로 조절된 계획을 통해 달성하는 소비의 사회화 ─ 의 발전에 기여한다. 프롤레타리아는 자본주의 사회가 노동이 요구하는 조건들을 더는 제공할 수 없을 때, 그 역사적 임무 ─ 자본가 계급의 소유권 박탈 ─ 를 완수한다. 이런 일이 경제적 공황기에 필연적으로 일어나는 것은 아니다. 왜냐하면 공황은 감소된 이윤, 높은 실업, 임금 하락 압력과 결부돼 있긴 하지만, 다른 한편 경기후퇴기는 노동계급의 힘이 약화되는 기간이기도 하기 때문이다. 한 생산양식에서 다른 생산양식으로 이행하는 것뿐 아니라 한 생산양식 내부에서 발생한 변동도 단순히 경제적 조건만으로는 파악할 수 없다. 왜냐하면 그것들은 정치적·이데올로기적 조건들에 크게 의존하기 때문이다. 이 조건들은 노동운동의 경제적 위치와 함께 번영기에 최고조에 달하는 경향이 있다. 따라서 경제적 분석과 혁명과의 관계는 복합적일 뿐만 아니라 다른 영향들에도 또한 의존한다(이 문제는 14장에서 더 상세히 논의할 것이다).

공황이론에 대한 문헌은 방대하고 다양하며 극히 논쟁적이다. 이 윤율저하이론을 주장하는 사람들(이윤율 저하의 이유와 방식에 관해 그들 사이에도 차이가 있다)과 그렇지 않은 사람들 사이에 하나의 대립선이 그어진다. 문헌들 속의 다른 차이들은 생산, 분배, 교환, 금융, 자본과 노동의 세력 균형, 자본가 계급 내부의 세력균형 등의 요인들 중 무엇을 상대적으로 강조하는가를 반영하고 있다. 국가의 (경제적) 구실을 공황의 원천으로 보거나 공황에 대한 반응으로 보는 경향이 증대돼 왔다. 그러나 근래에는 '세계화'에 대한 고려 때문에 국가의 구실은 주목을 덜 받고 있다.

마르크스는 자신의 공황이론을 한 번도 체계적으로 전개한 적이 없다. 그럼에도 칼 마르크스(1969, 17장, 1972, 20장)을 참조하라. 이 장에서의 해석은 벤 파인·로렌스 해리스(1979, 5장)에 기초하고 있다. 마르크스의 공황이론에 대한 개관으로는 사이먼 클락(1994), 던컨 폴리(1986, 9장), 데이비드 하비(1999, 13장), 마이클 페렐만(1987), 안와르 샤이크(1978), 존 윅스(1981, 5, 8장), ≪정치경제학 연구≫(18권, 2000)를 참조하라. 과소소비이론들은 마이클 블리니(1976)와 존 윅스(1982b)가 비판적으로 개관했다. 로버트 브레너(1998, 2000)가 공황논쟁을 다시 점화했다. 이어지는 문헌들을 식별하려면 ≪역사유물론≫(4~5권)과 벤 파인·코스타스 라파비트사스·디미트리 밀로나키스(1999)를 참조하라.

제8장
자본의 구성

이 장은 제9장과 제10장에서 다룰 이윤율저하경향법칙(LTRPF)과 전형문제에 대한 논의의 전 단계로 마르크스의 자본의 기술적 구성, 자본의 유기적 구성, 자본의 가치 구성 개념을 설명한다. 이 설명은 두 가지 이유 때문에 중요하다. 첫째, 자본구성 개념들은 가치와 가격의 관계, 기술 변화, 경제공황, 자본주의 경제 내의 다른 구조들과 과정들을 이해하는 데 중요하다. 그러나 그 개념들은 일반적으로 문헌들 속에서 조잡하게 설명돼 왔고 단지 피상적이고 부정확하게 이해돼 왔다. 둘째, 전통적으로 이윤율저하경향법칙은 전형문제와는 우연적 관계만을 갖는 것으로 간주돼 왔다. 그러나 이러한 이해 방식은 정확하지 않다. 왜냐하면 양자는 자본구성을 매개로 서로 밀접히 관련돼 있기 때문이다. 이 점에 대해서는 이하에서 상세히 설명할 것이다.

자본의 기술적 구성

≪자본론≫ 제1권에서 마르크스는 자본주의 고유의 생산방법, 즉 자본주의가 공장제를 창출하면서 노동과정을 장악하고 변형시키고,

다른 생산조건들 예컨대 자연 자원을 전유하는 방식을 검토한다(제6장과 제14장 참조). 제1권에서 마르크스는 자본주의 하에서 노동생산성이 체계적으로 상승하는 경향이 있으며, 그것은 주어진 노동시간에 최종 상품으로 가공되는 생산수단의 양을 증가시키는 것을 통해 달성된다는 점을 확인한다. 바로 이 과정이 자본의 기술적 구성(TCC)이라는 개념으로 파악된다.

TCC는 소모되는 물적 투입물과 그것을 산출물로 전환시키는 데 필요한 살아 있는 노동 사이의 물리적 비율이다. 비록 마르크스는 TCC가 증가하는 경향이 있음을 보여 주지만(이것은 자본주의에서 증가하는 생산성의 표현이다), TCC와 그 변화를 측정하려는 시도나 상이한 생산부문들(예컨대 농업과 조선업)의 TCC를 비교하려는 시도는 심각한 문제에 부딪힌다. TCC는 직접 측정할 수 없다. 왜냐하면 그것은 한 기업이나 한 부문에서 이질적 사용가치들(물적 투입물들)의 묶음과 지출된 구체노동량 사이의 비율이기 때문이다. 바꿔 말하면 TCC는 오직 이질적 원료들과 살아 있는 노동이 공통의 척도로 환원되는 한에서만 단일한 지수로 측정할 수 있다.

주류이론에서 TCC의 측정은 지수의 문제다. 반면에 마르크스의 이론에서는 상품들의 가치가 TCC를 적합하게 측정할 수 있는 기초를 제공한다. 이것은 단순히 어떤 지수를 선택하고 다른 지수를 버리는 문제가 아니다. 이것은 가치가 사회적으로 필요한 노동시간으로 이해될 경우에 자본주의 사회에 대한 합당한 분석 범주라는 마르크스의 견해를 반영한다. 제2장에서 본 것처럼 자본주의 사회에서는 서로 다른 구체노동들이 교환뿐 아니라 생산에서도 규칙적이고 체계적이며 필연적으로 등치되며, 이를 통해 자본주의 내에 가치관계의 지배가 확립된다. 가치를 통한 TCC의 측정은 (모든 지수가 지닌 단점은 있지만 편리할 뿐 아니라) 정당하다. 왜냐하면 가치를 통한 TCC의 측정은 자본주의에서 생산조건들의 체계적 변화들을 그것들이 체화돼 있는 사회와 가치관계를 통해 표현하기 때문이다. 다른 말로 표현하면, 가치로 TCC를 측정하는 것은, 변화하는 생산조건을 나타내는 편리하지만 임의적인 지수가 아니라, 축적과정의 일부에 대한 개념화다.

유기적 구성과 가치 구성

자본의 유기적 구성과 가치 구성에 관한 설명은 TCC의 가치 척도를 구성하는 방식을 더 상세히 분석하는 가운데 이뤄질 것이다. ≪자본론≫을 자세히 읽어보면, 마르크스가 자본의 기술적 구성 외에도 자본의 **유기적 구성(OCC)**과 자본의 **가치 구성(VCC)**을 구분하고 있음을 알 수 있다. 그러나 문헌 속에서 OCC와 VCC가 구분된 경우는 극히 드물고, 양자는 거의 같은 말처럼 사용돼 왔다. 양자에 대한 대수적 정의는 통상 c/v(불변자본 나누기 가변자본)로 표기돼 왔다. 그러나 이것은 의문을 낳는다. 불변자본 c의 경우에는 이질적 원료들의 묶음을, 그리고 가변자본 v의 경우에는 살아 있는 이질적 노동들의 묶음을 단일한 가치 차원으로 환원하기 위해 어떤 가치들이 사용되는가? 이 질문은 다음과 같은 맥락에서 타당한 문제다. 즉, 모든 분석이 축적과 관련돼 있고, 따라서 기술 변화에 따른 상품가치들의 체계적 감소와 관련돼 있다(제3장 참조).

이 문제를 축적이라는 동태적 맥락에서 다루기 전에, 먼저 OCC와 VCC를 정태적 맥락에서 구분해 보는 것이 설명을 위해 유용하다. 예를 들어 보석 생산의 경우를 생각해 보자. 은반지와 금반지를 생산하는 데 정확하게 똑같은 노동과정과 똑같은 기계와 기술이 사용된다고 하자. 두 생산과정은 동일한 TCC를 가질 것이다. 왜냐하면 TCC는 살아 있는 노동과 비교한 원료의 양을 측정하기 때문이다. 그러나 금반지의 생산은 더 높은 가치를 가진 원료(은이 아닌 금)를 사용하므로 더 높은 VCC를 수반할 것이다. 기술적 관점에서 두 생산과정에 차이가 없다는 점을 반영하기 위해 마르크스는 두 생산과정의 OCC가 동일하다고 정의한다. 다시 말해서 OCC는 TCC를 가치 차원에서 측정하지만, 사용되는 원료 가치의 크고 작음에서 생겨나는 차이들을 무시한다.

이것은 OCC를 측정하는 데 약간의 어려움을 낳는다. 왜냐하면 v에 대한 c의 비율을 정의하는 데 적합한 가치들이 확정되지 않기 때문이다. 예컨대 이 정의를 위해 금의 가치를 사용할 것인가, 은의 가치를 사용할 것인가 아니면 그 중간의 어떤 값을 사용할 것인가? 이것은 정태적 맥락에서 구분하려는 시도 때문에 생겨나는 문제다. OCC와 VCC의 구분이 실제 의미를 가지는 것은 오직 생산과정들이 변할 때뿐이다. 왜냐하면 만약 생산과정의 변화가 없다면, TCC와 VCC만이 유기적 관점에서 생산과정들의 동등성이나 차별성을 명시하는 데 적합하기 때문이다.

이제 철강산업과 관련된 동태적 예를 생각해 보자. 이 산업에서 기술의 개선 때문에 철강의 단위가치가 감소한다고 하자. 그 결과 경제의 모든 부문의 VCC가 해당 부문의 불변자본과 노동력 가치에서 철강의 상대적 비중에 따라 변할 것이다. 더 단순한 경우로, 고용된 노동력이 모든 부문에 걸쳐 동질적이라면, 각 부문의 VCC는 [고정자본에서] 철강의 상대적 사용 비중에 따라 달라질 것이다. 이러한 변화에도 불구하고 모든 부문에서 OCC는 달라지지 않을 것이다. 왜냐하면 각 부문의 TCC의 변화가 없기 때문이다. 이 예는 OCC가 생산에서 발생한 변화를 가치 차원에서 측정하며, 따라서 OCC는 오직 TCC가 변화하고 있을 때에 한해서 VCC와 구별되는 어떤 것을 측정할 수 있다는 것을 보여 준다. 확실히 이상의 두 가지 예는 단지 OCC와 VCC의 차이를 설명하기 위해서 주어진 것이다. 이 예들은 그 자체로는 별다른 의미를 지니지 않는다.

그러나 생산조건의 변화를 고려하기 시작하면 문제는 달라진다. 발전된 단계의 자본주의는 상대적 잉여가치 생산을 통한 축적을 수반하며, 거기에서는 기계가 체계적으로 살아 있는 노동을 추방한다고 마르크스는 주장한다. 이것은 경제 전반에 걸친 TCC의 상승 경향을 가져온다. 이 경우 TCC는 가치 차원에서 두 가지 다른 방식으로 측정될 수 있다.

한편으로, 오직 생산에서 발생하는 변화라는 관점에서 TCC는 OCC를 통해 측정된다. 원료와 노동력은 일정한 가치를 가진 채로 생산과정에 들어간다. 이것은 노동이 투입물들을 산출물로 전환시키도록 강제당하는 정도에 따라, 가변자본에 대한 고정자본의 일정 비율을 낳는다. 만약 우리가 그것을 연대기적으로 기록한다면, OCC는 기술 변화와 생산과정의 갱신 이전에 지배하고 있던 '과거의' 가치들에 따라

TCC를 측정한다. 다른 한편 경제의 어떤 부문에서든 기술진보가 발생할 때마다 상품가치가 변화(감소)한다. VCC는 바로 이 단계에서 측정된다. 당연하게도 그것은 OCC의 변화와 상품가치(이 교환영역에서 실현될 때)의 변화에 대한 관점에서, TCC를 고찰한다. 그것을 연대기적으로 기록하면 VCC는 '과거의' 가치들이 아니라 '새로운' 가치들에 따라 측정된다. 결국 VCC는 기술진보로 상승하는 TCC와 하락하는 가치들의 모순적 영향을 포착한다. 따라서 VCC는 TCC와 OCC보다 느리게 상승하는 경향이 있다.

VCC와 OCC의 차이를 새로운 가치와 과거의 가치와 관련지어 설명하는 것은 약간의 오해를 낳을 수 있다. 왜냐하면 그러한 구분은 연대기적인 것이라기보다는 개념적인 것이기 때문이다. 어느 순간이든 일부의 자본들은 생산과정에 들어가는 반면 다른 일부의 자본은 생산과정에서 나올 것이다. 더구나 기술적 변화는 언제 어디서나 일어날 수 있다. 이러한 구분이 실제로 수행하는 것은 생산영역과 교환영역의 분리를 묘사하고, 더 복잡한 맥락에서 구성하는 것이다(제4장 참조). 생산에서 자본가들과 노동자들 두 계급은 생산과정을 놓고 서로 대립한다. 축적이 진행됨에 따라 TCC는 상승하는 경향이 있다. 교환에서 자본가들은 구매와 판매과정에서 경쟁자로서 서로 대립한다. 축적이 진행됨에 따라 가치들이 감소하고 VCC가 하락하는 경향이 있다.

다음 장에서는 이러한 과정들의 상호작용이 생산과 교환의 구조적 분리로 이해되고, 또 마르크스의 이윤율저하경향법칙의 관심 사항이라는 점을 보일 것이다. 제10장에서는 마르크스의 가치분석 내에서 OCC의 구실을 통해 가치와 가격의 관계를 설명할 것이다.

이미 언급한 것처럼 문헌들은 자본의 구성을 취급하는 데 주의를 기울이지 않았다. 일반적으로, 이윤율저하경향법칙의 맥락에서 적어도 용어상으로는 대부분 OCC에 주목하고 TCC와 VCC에는 거의 관심을 두지 않았다. 얄궂게도 용어상으로는 OCC가 지배적이었을지라도 그것이 실제로 의미하는 것은 VCC였다. 이것은 마르크스 자신의 구분을 무시하고 그의 저작과 의도를 오해하는 것이다.

특별히 자본의 구성에 관해 논의하는 문헌들이 드물다는 것은 놀라운 일이 아니다. 마르크스는 자신의 개념들을 칼 마르크스(1969, 12장, 1972, 23장, 1981a, 8장)에서 설명한다. 이 장에서 개진된 해석은 벤 파인(1990a)와 벤 파인·로렌스 해리스(1979, 4장)에 기초한 것이다. 이 해석을 알프레도 새드-필호(1993, 2001, 2002, 6장)가 기존 문헌에 비춰 재검토하고 발전시켰다.

제9장
이윤율 저하

마르크스의 이윤율저하경향법칙(LTRPF)은 그 타당성과 해석, 의미를 둘러싸고 극심한 논쟁의 대상이 돼 왔다. 이 장은 마르크스의 법칙을 간단히 설명하고, 마르크스의 법칙에 대한 반론으로 제기된 비판들의 일부에 대답한다. 이윤율저하경향법칙에 대한 두 가지 잘못된 해석이 문헌들 속에서 종종 발견된다. 한편으로 마르크스의 공헌은 고매한 철학의 영역으로 쫓겨난다. 그 속에서 이윤율저하경향법칙은 하나의 추상적 진리의 모습을 취하고, 자본 그 자체의 논리에서 도출되며 따라서 논박할 수 없는 그 무엇이 돼 버린다. 다른 한편으로 마르크스의 분석은 마치 그것이 일련의 대수학적 명제들인 것처럼 취급된다. 그리고 이 명제들은 분석자의 성향과 선택된 경제모델의 대수학적 함의에 따라 옳을 수도 틀릴 수도, 아니면 그 어떤 중간일 수도 있다.

여기서 채택된 입장은 이처럼 명백히 희화화되고 극단적인 두 개의 해석들과는 다르다. 그러나 논리전개는 복합적이며, 대수학적 사고라기보다는 개념적 사고에 의존한다. 따라서 분석의 구조가 먼저 요약 설명되고, 이어서 정교화와 입증을 포함한 더 상세한 설명이 이뤄질 것이다.

마르크스의 이윤율저하경향법칙은 자본의 유기적 구성(OCC)과 자본의 가치 구성(VCC)의 개념적 구분에 기초하고 있다. 문헌들은 양자를 거의 구분하지 않으며, VCC에 대해 언급할 때 일반적으로 OCC라는 용어를 사용한다. 제8장에서 본 것처럼, OCC는 축적의 결과를 전적으로 생산영역, 즉 잉여가치의 창출만을 고려해서 측정한다. 반면에 VCC는 축적의 과정을 교환영역, 즉 (잉여)가치 실현의 측면에서 측정하고 반영한다. 이것은 판매의 문제에 집중하지만 그러나 그것에 한정돼서는 안 된다.

자본주의에 고유한 생산방법의 채택, 특히 부문 내 경쟁의 맥락에서 기계의 사용과 상대적 잉여가치를 추출하기 위한 체계적 시도 때문에, OCC는 시간이 지나면서 상승하는 경향이 있다. 이러한 OCC의 상승경향이 이윤율저하경향법칙 그 자체의 원천이다. 다른 한편 VCC의 형성은 이윤율저하경향법칙에 대한 반대 경향들(CTs)과 관련돼 있다. 법칙 그 자체와 반대 경향들의 상호작용은 자본축적 과정의 본질적인 내재적 측면들이다. 그것들의 상호작용은 더 복잡한 경제현상들을 낳는데, 그러나 이것은 자본주의의 발전단계들 중 기계를 이용하는 생산이 지배적인 시기에만 적용된다.

이것은 이윤율저하경향법칙이 협소하게 예측적 의미의 경험적 법칙이 아니라는 것을 시사한다. 오히려 이윤율저하경향법칙은 이윤율의 운동에 대해 예측적 함의를 갖지 않는 **추상적 법칙**이다. 그러나 그것은 더 상세한 논리적·역사적 분석을 포함시켜 더 복잡하고 더 직접적인 경제현상들을 연구할 수 있는 기초를 제공한다(제1장 참조).

마르크스의 이윤율저하경향법칙에 대한 이러한 설명방식은 일본의 경제학자 노부 오키쇼의 이해와 비판 방식과는 완전히 대조를 이룬다. 후자는 스라파주의 경제학파와 일부 마르크스주의자들이 수용해 왔다. 이 접근법은 비교정학과 균형분석에만 머무르기 때문에 축적과정을 생산과 유통의 조화로운 상호작용을 낳는 과정으로 취급한다. 따라서 이 접근법은 마르크스의 접근법에 대한 변증법적 대립물로 규정할 수 있다.

법칙 그 자체와 반대 경향들

마르크스는 이윤율저하경향법칙을 《자본론》 제3권 제3부의 세 장에 걸쳐서 다루고 있다. 첫 번째 장은 '법칙 그 자체'라는 제목이 붙어 있다. 이 장은 자본주의에서 이윤율 저하에 관한 단순한 대수학적 논증처럼 보이는 내용을 포함하고 있다. 이윤율은 가치 차원에서 $r=s/(c+v)=e/(OCC+1)$로 쓸 수 있다(단 e는 잉여가치율(s/v), OCC는 c/v). 만약 e가 상승하지 않는다면 OCC의 상승은 곧바로 r의 하락을 가져온다.

그러나 이러한 해석은 옳지 않다. 이윤율저하경향법칙은 두 가지 이유 때문에 이윤율의 경험적 운동을 예측하지 않는다. 첫째로, 마르크스주의적 법칙들은 경험적 규칙성들의 이론적 표현이 아니다. 여기서 중력의 법칙에 비유하는 것이 도움이 될 수 있을 것이다. 중력의 법칙은 땅으로 떨어지는 뉴턴의 사과처럼 물체들이 서로 끌어당긴다는 생각에 기초하고 있다. 그러나 경험적으로 중력의 법칙은 법칙으로서 그것과는 모순된 것처럼 보이는 경험적 결과들을 **설명한다**. 행성들은 태양 주위의 안정된 궤도들을 선회하고 있고, 건물들은 여전히 똑바로 서 있다. 이와 유사하게 마르크스주의의 법칙은 자본주의적 사회관계들이 형성하는 중요한 물질적 힘들, 즉 마르크스가 경향들이라고 부르는 것들을 표현한다. 이것이 바로 이윤율저하경향법칙이 외견상 기묘한 '경향법칙'이라고 이름 붙여진 이유다. 마르크스주의적 법칙들과 경향들은 생산양식을 정의하는 사회적 관계에서 생겨나며, 따라서 그것들은 필연적이다(피할 수 없다). 그러나 그것들은 경험적 결과들을 직접 결정하지 않는다. 예를 들어 기계화와 OCC 상승 경향은 이윤율이 돌멩이처럼 반드시 떨어진다는 것을 시사하지 않는다. 반대로 시간에 따른 이윤율의 등락이 이윤율저하경향법칙을 부정하지 않는다. 마찬가지로, 이윤극대화와 자본이동의 결과로 부문간 이윤율 균등화 경향은 이윤들이 미래에 균등하게 될 것이라고 (심지어 그럴 수 있다는 것조차도) 시사하지 않는다(이 경향을 하나의 현실로 간주하고, 모든 이윤율이 균등화되는 균형이 형성될 수 있다고 보는 것은 주류 경제학뿐이다).

마르크스에게 법칙들과 경향들은 그것들의 원천이라는 맥락에서 그리고 그것들이 발현하는 더 복잡한 방식이라는 맥락에서 분석적으로 자리매김해야 한다. 예를 들어 경향들은 항상 반대 경향들과 상호작용할 뿐만 아니라 특수한 역사적 상황의 맥락에서 그렇게 하므로 미결정된(그러나 원칙적으로 이해가능한) 결과들을 낳는다(제11장 참조). 예컨대 상호 경쟁하는 자본들의 경우, 그들의 이윤율이 균등화되는 경향은 동일부문의 자본들 사이의 경쟁과 대비돼 자리매김해야 한다. 후자는 그들의 이윤율을 평균과 차별화시킨다. 이 차별화는 생산성 증대를 위한 축적을 통해 일어날 수도 있고, 더 낮은 임금의 지불을 통해 발생할 수도 있으며, 다른 어떤 요인을 통해 발생할 수도 있다(제6장 참조).

이윤율저하경향법칙이 경험적 예측을 허용하지 않는 두 번째 이유는 (자본의 가치 구성이 아니라) 자본의 유기적 구성에 관한 어떤 고찰도 이 법칙의 경우처럼 생산과정의 변화만으로 한정되고, 유통의 가치 변화를 고려하지 않기 때문이다. 이것은 왜 e의 값이 변하지 않는 것이 자의적 가정이 아니라 생산 기간 중에 (노동력을 포함한) 상품들의 가치가 변하지 않음을 표현하는지를 설명해 준다.

마르크스의 두 번째 장은 그 제목이 '반작용하는 요인들'로 반대 경향들(CTs)을 다루고 있다. 반대 경향들은 두 가지 유형으로 나뉜다. 우선 OCC의 상승으로 생긴 가치들의 변화에서 직접 야기되는 경향들이 있다. 이윤율을 $r=s/(c+v)$라고 써보자. 이제 c나 v를 감소시키거나 s를 증가시키는 어떤 요인도 r을 증가시키는 경향이 있다. 상대적 잉여가치 생산은 위의 모든 것들을 수행한다. 생산성 증대는 c와 v 가치의 감소를 의미하고(v의 감소는 임금재 부문의 생산성 향상을 통해 직접 이뤄지거나, 임금재 부문에서 더 낮은 가치의 원료들을 사용함으로써 간접으로 이뤄진다), 또 v의 감소를 통한 s의 증가를 의미한다(실질임금이 불변일 경우). 이러한 상품가치들의 변화는 VCC의 형성과 동일한 의미를 지니며, 앞에서 주장한 것처럼 이 개념의 중요성과 OCC와의 차별성을 부각시킨다.

나아가 마르크스는 첫 번째 유형보다 체계적이지 못한 반대 경향들을 고찰한다. 이것들은 자본축적에서 직접 유래하지 않는다. 예를 들어 그는 노동력의 초과착취(절대적 잉여가치), 외국무역을 통한 원료와 임금재의 저렴화, 주식회사의 형성 등의 목록을 제시한다. 이 반대 경향들의 집합은 자본주의적 발전의 결과들이지만 자본축적, 즉 OCC의 상승에서 필연적으로 유래하지는 않는다. 마르크스는 두 번째 유형의 반대 경향들을 첫 번째 유형의 반대 경향들과 분석적으로 구분하지 않은 채 한 묶음으로 처리하고 있는 것처럼 보인다. 이것은 ≪자본론≫ 제3권의 출판을 위한 최종 준비가 이뤄지지 않은 것으로 설명될 수 있을 것이다. 뿐만 아니라 마르크스의 반대 경향들 목록은 밀(J. S. Mill)의 목록을 거의 그대로 따르고 있다. 이것은 마르크스가 자신의 자료를 아직 적절히 재구성하지 못했다는 것을 시사한다. 그러나 마르크스와 밀의 한 가지 중요한 차이는 밀이 법칙을 취급하는 방식이 리카도를 따라 농업의 생산성 하락에 기초하고 있는 반면, 마르크스는 모든 산업의 생산성 상승에 기초하고 있다는 점이다.

이러한 마르크스의 반대 경향들 취급방식은 마치 그가 r의 직접적 운동을 법칙 그 자체에 대한 수치적 평형력으로 취급하고 있는 것처럼 보이게 한다. 그러나 반대 경향들은 법칙 그 자체보다 더 복잡한 분석 수준에서 제시되고 있음이 분명하다. 왜냐하면 이미 본 것처럼 반대 경향들은 VCC의 형성을 수반하고, VCC는 생산과 교환 양자의 변화들을 포괄하기 때문이다(반면에 법칙 그 자체는 OCC의 형성을 수반하고, 생산의 변화들만을 포괄한다). 그럼에도 법칙 그 자체와 마찬가지로 반대 경향들은 이윤율의 운동을 직접적으로 규정하는 경험적 비중을 지닌 요인들로 간주해서는 안 된다. 오히려 그것들은 생산 조건의 변화들을 교환의 운동들로 전환시키는 과정들을 체화하고 있는 것으로 봐야 한다.

법칙의 내재적 모순들

앞 절에서 우리는 이윤율저하경향법칙과 반대 경향들 양쪽 모두 이윤율의 직접적 운동을 예측하기보다는 상대적으로 추상적인 과정들을 포착하고 있는 것으로 해석했다. 이 해석은 이윤율저하경향법칙에 관한 마르크스의 세 번째 장을 검토하기 위한 기초가 된다. 세 번째 장에는 '법칙의 내적 모순의 전개'라는 적절한 이름이 붙어 있다. 이 장에서 마르크스는 법칙과 반대 경향들을 더 복잡한 경험적 현상들을 낳는 기저과정들의 모순적 통일체로서 다룬다. 이처럼 비교적 구체적인 단계에서조차 마르크스는 이윤율의 운동에 관한 예측보다는 법칙과 그 반대 경향들의 적대적 공존에 더 관심이 있다. 왜냐하면 법칙과 그 반대 경향들은 대수적으로 합산돼 둘 중 어느 쪽이 우연히 강한가에 따라 이윤율의 상승이나 하락을 낳을 수는 없기 때문이다. 오히려 마르크스는 가치창출 과정이 기존의 가치들에 기초해 진행되거나 심지어 자본축적으로 이 가치들이 감소될 때 생기는 (잉여)가치생산과 (잉여)가치유통 사이의 모순에 관심이 있다.

이윤율저하경향법칙이 자본주의적 기업들이나 경제들의 실제 이윤율이 끊임없이 하락하는 것을 예측하기보다 추상적 경향들의 상호작용에 관심이 있다는 사실은 법칙의 내재적 모순의 전개에 관한 마르크스의 분석 속에서 암묵적으로 확인된다. ≪자본론≫ 제3권 제3부에서 이윤율의 운동에 관한 논의는 거의 없거나 전혀 없다. 훨씬 더 큰 관심은, 경제가 지금까지 생산해 왔고 또 확장하기 위해 필요한 만큼 잉여가치를 축적할 수 있는가의 여부다. 바꿔 말하면 축적이 이윤율을 더 높이는지 낮추는지보다는 과연 축적이 지속될 수 있는지 아닌지가 더 큰 관심거리다. 예를 들어 기술진보가 불변자본과 가변자본의 가치를 감소시킨다고 하자. 그러한 한에서, 이러한 가치감소는 생산조건에서 발생한 변화들을 교환영역 안으로 옮기는 것을 나타낸다. 그리고 그것은 (축적과 생산성 향상에 발맞춰 노동력의 가치가 유지되고 실질임금이 증가하는 정도에 따라) 이윤율 저하를 향한 경향을 낳는다. 대조적으로 주식회사의 형성이나 노동자들에 대한 초과착취, 해외 시장의 개방 등은 어떤 이윤율 수준에서 그런 일들이 발생했는지에 관계없이 지속적 축적에 이바지한다.

법칙의 경험적 함의

이윤율저하경향법칙을 추상적 법칙으로 간주한다고 해서 그것의 경험적 의의를 부정하는 것은 아니다. ≪자본론≫ 제3권 제3부에서 마르크스의 주된 결론은 법칙과 그 반대 경향들이 조화를 이룬 채로 무한히 병존할 수 없으며, 오히려 때때로 공황을 불러일으킬 수밖에 없다는 것이다. 이것은 신중한 해석이 필요하다. 왜냐하면 이윤율의 저하를 공리적으로 논증할 수 없는 것과 마찬가지로, 공황의 필연성도 공리적으로 논증될 수 없기 때문이다. 오히려 마르크스는 ≪자본론≫

2권에서처럼, 불변가치에 기초한 판매와 구매 사이의 단절이라는 구체적 잠재성의 결과로서 공황의 **내재적** 가능성을 지적한다(제7장 참조).

이윤율저하경향법칙에서는 단절의 잠재적 원천이 생산에서의 노동의 상대적 배제와 가치변화를 교환에서 수용하는 데 있다. 이러한 수용과정들은 경제 전반에 걸친 기술 변화 때문에 끊임없이 혼란에 빠진다. 예를 들어 축적의 진행에 따른 가치 감소는 기존 가치들의 보전과 그것들이 자본 속에 체화(embodiment)되는 것을 저해한다. 다른 한편 노동의 배제는 노동력의 수요·공급 사이의 균형과 노동력 재생산을 혼란에 빠뜨린다. 이러한 동요들은 이윤율저하경향법칙과 반대 경향들이 비록 단순한 추세 예측을 수반하지는 않지만 관찰 가능한 현상들과 연관을 갖고 있다는 것을 입증한다. 그러나 그것들은 자본축적에 기인한 긴장과 전위를 이해할 수 있는 틀을 제공한다. 또 그것들은 법칙과 반대 경향들이 심지어 확장국면에서조차 평화롭게 양립할 수 없다는 결론을 뒷받침한다. 자본들은 심지어 보전되고 확장되는 와중에도 감가된다. 이러한 모순들의 존재가 공황과 경기과열 그리고 그와 연관된 생산과 교환의 순환들을 낳는다. 더구나 공황의 내재적 가능성의 발전이 이 과정들을 더는 수용할 수 없을 때 공황의 개연성을 시사한다. 특히(전적으로 그런 것은 아니다) 불비례와 잘못된 투자, 투기적 과열이 존재하는 경우가 거기에 해당한다. 이러한 공황들, 그 결과 나타나는 실업, 자본의 집적과 집중 등은 마르크스의 추상적 경향에서 관찰 가능한 '예측들'이다. 실제로 관찰 가능한 이윤율의 특정한 움직임이 이 순환들과 연관돼 있다. 어떤 때는 이윤율이 실제로 떨어질 것이고 다른 때는 상승할 것이다. 이 운동들은 자의적이지 않으며 오히려 추상적 경향들과 그 경향들의 모순에 기초하고 있다.

위의 분석은 이윤율저하경향법칙의 경험적 함의를 **추가로** 끌어낸다. 왜냐하면 위의 분석은 다음과 같은 것을 암시하기 때문이다. 생산영역의 발전에 기원을 둔 공황들은 유통영역에서 폭발할 것이다. 또 그 폭발은 총자본순환 참여자들의 상대적 강점과 약점 여부에 따라 놀랄 만한 방식으로 일어날 것이다. 이것이 이윤율저하경향법칙이 이윤율의 실제 하락을 경험적으로 야기하기 쉬운 한 가지 이유다. 축적과정이 쇠퇴해도 실현되는 이윤은 정해진 양의 고정자본에 대해 계정되므로, 이윤율은 하락하는 경향이 있다. 그러나 반드시 그런 것은 아니다. 예를 들어 경기침체나 파산의 결과로 대량의 자본이 감가되거나 살아남은 자본가들이 헐값으로 매입하면, 이윤율은 공황의 결과로 심지어 상승할 수도 있다(이 과정은 때때로 경기회복에 중요한 구실을 한다).

이윤율저하경향법칙과 공황이론

앞의 논점은, 이윤율 저하가 마르크스 자신의 분석과 관련해 어떤 견해가 채택되든지 관계없이 문헌들 속에서 일종의 물신이 돼 왔음을 보여 준다. 관심의 초점은 과연 이론이 어떤 메커니즘을 통해서든지 이윤율의 하락이라는 결론을 낳을 수 있는가의 여부에 쏠려 있다. 그것이 상승하는 OCC의 상승 때문인지, VCC의 상승 때문인지, (이윤을 희생한) 임금상승 때문인지는 문제가 되지 않는다. 일단 이윤율이 하락하면 공황 속으로 빠져든다고 상정된다. 왜냐하면 이윤율이 하락하면 투자가 불충분하게 되고, 이것은 케인즈주의 이론에서처럼 잠재적 산출에 대한 수요를 부족하게 만들기 때문이다. 이러한 관점은 이윤율의 하락을 낳는 이론과 그러한 하락의 결과들, 즉 공황의 원인과 과정을 철저히 분리한다. 그리고 회복 메커니즘은 더욱 동떨어져 있다. 회복 메커니즘은 케인즈의 분석에서 해결사인 국가의 적자 지출과 그것이 자본가들의 예상에 미치는 영향에 의존한다. 그러나 이윤율의 하락이 자동으로 공황을 낳는다고 가정할 수 없다. 보상과 관련해 축적의 유인과 능력이 감소할 수 있을 것이다. 그러나 약간의 보상은 보상이 전혀 없는 것보다 낫다. 기존의 (고정)자본을 보전하기 위해서 그리고 기존의 부채를 상환하기 위해서 지속적 축적이 필요할 것이다. 무엇보다 이윤율 하락은 경쟁을 강제하는 강력한 힘으로 작용한다. 따라서 자본가들이 수익성을 회복하려 시도할 때, 그들은 심지어 이전보다 빠른 속도로 축적할 수도 있다!

마르크스에게 이윤율의 근사적 하락을 통한 공황의 발생은 하나의 가능성이지만(예컨대, 산업적 파산이 은행의 도산과 신용의 위축을 야기한다), 그러나 이것은 공황의 일반적 원인과 과정에 대한 통찰력 있는 분석을 제공하지 않는다. 더욱 중요한 것은, 이 논리가 공황과 자본축적 과정 사이의 유기적 관계를 입증하지 못한다는 사실이다. 이 논리는 조정되지 않는 시장경제가 장기적 균형성장을 달성할 수 없다는 것을 암시하긴 하지만, 진부한 주장에 불과하다. 반면에 이윤율저하경향법칙을 생산과 교환을 통합하는 모순적 경향들의 결합으로 이해할 경우, 그러한 모순적 경향들을 검토함으로써 그것들의 상호작용이라는 더 복잡한 수준에서 축적과정에 연계돼 있고 또 그것에 기초하고 있는 공황분석을 위한 길을 열 수 있다.

이것은 가치생산과 교환에서 가치형성에 대한 분석이 ≪자본론≫ 제1권의 첫 장에서 제시돼 있는 것보다 훨씬 더 넓은 맥락에서 수행할 것을 요구한다. 거기에서 가치 범주는 추상노동 범주를 통해 서로 다른 유형의 구체노동들 사이의 실질적 등가성을 표현하는 사회적 관계로 이해되고 있다. 어떤 경제에서나 숙련도나 유형 면에서 서로 다른 노동들은 불가피하게 존재하기 마련이다. 각 부문 내부의 경쟁기업들 사이에서는 생산성 수준의 차이가 또한 존재할 것이다. 그러나 이윤 강제, 부문 내 경쟁과 부문 간 경쟁, 노동과정에 대한 자본가의 통제, 교환에서 상품들 사이의 동등성은 이러한 노동들을 가치라는 공통의 척도로 강제로 환원시킨다(제2장과 제3장 참조). 축적과 경쟁이 상품가치들을 감소시키면서 각 부문에서 사회적 필요 노동시간은 중심으로 등장하고, 그 중심의 주위를 개별노동과 개별 축적과정들이 선회한다.

법칙과 반대 경향들 사이의 상호작용을 인정하는 것은 가치이론에 곤란한 문제들을 제기한다. 이 문제들은 가치에 대한 더 복합적이고 구체적인 이해를 통해서만 해결할 수 있다. 예를 들어 축적이 사회적 필요 노동시간의 감소를 가져오므로 가치개념 전체가 위험에 빠진 것처럼 보인다. 왜냐하면, 우리가 어떤 범주를 사용하려고 할 때 이 범주의 양화(quantification)가 확립되자마자 전복돼 버리는 셈이기 때문이다. 이 어려움을 타개하는 유일한 길은 서로 다른 종류의 노동들 사이에 확립된 등가성이 시간을 통해 서로 다른 생산성을 가진 노동에까지 확대된다는 점을 인식하는 것이다. 우리는 이 과정의 두 가지 경우를 이미 취급한 바 있다. 첫째로 서로 다른 시점에, 서로 다른 기술을 통해 제조된 투입물들이 결합돼 살아 있는 노동을 통해 새로운 산출물로 전환된다. 그리고 이 산출물은 때때로 다른 생산과정 속에서 투입물로 생산적으로 소비된다. 이 경우 서로 다른 유형의 노동들 사이의 동등성과 서로 다른 생산성을 지닌 노동들 사이의 동등성은 교환이 아니라 생산에서 확립된다. 둘째로 OCC는 과거에 확립된 등가성을 기초로 구성되는 반면에 VCC는 OCC의 상승과 관련된 생산조건 변화의 결과로서 등가성 재확립 과정을 통해 구성된다.

이상이 지금의 분석수준에서 일반이윤율의 동학에 대해 말할 수 있는 전부다. 더 나아가기 위해서는 법칙과 그 반대 경향들 사이에서 발생하는 상호작용의 성격을 명시적으로 규정하지 않으면 안 된다. 이 과제는 이론적으로는, 가치관계들이 교환 속에 표현되는 메커니즘에 대한 분석을 확장함으로써 수행될 수 있고, 경험적으로는 축적이 발생하는 역사적 조건을 명시적으로 규정함으로써 수행될 수 있다. 이윤율 분석의 이론적 측면과 경험적 측면에서 모두 중요한 두 가지 요소는 금융과 고정자본의 구실이다. 이 두 가지 요소는 가치들이 변할 때 교환에서 등가성의 확립에 막대한 영향을 미치며, 동시에 그것에게서 직접 영향을 받는다. 또한 이 두 가지 요소는 가치들이 변하는 세계에서 가장 문제가 된다. 그러한 세계에서 자본들은 더 긴 기간 동안에 걸쳐 가치를 보전하고 이전하려고 애쓴다. 그러나 그 와중에 그들은 더 저렴한 대체물들, 더 생산적인 경쟁자들과 직면하기 쉽다. 이 주제들은 이 책에서 취급할 수 없지만, 제3장과 추가 독서 목록을 참조하라.

마르크스의 이윤율저하경향법칙에 대한 가장 잘 알려진 비판은 일본의 경제학자 노부 오키쇼가 제시한 한 정리(定理)를 출발점으로 삼고 있다. 오키쇼의 주장을 간단히, 형식에 얽매이지 않고 말하면 다음과 같다. 이용 가능한 생산기술들이 폭넓게 주어져 있을 때, 실질임금이 상승하지 않는 한 이윤율은 하락할 수 없다. 바꿔 말하면 이윤율 하락은, 위에서 본 마르크스의 주장처럼 자본축적 과정에서 생기는 모순의 산물이라기보다는, 임금상승을 조건으로 한다. 오키쇼의 분석에서 자본가들이 새로운 생산기술들을 이용할 때 상품들의 가격은 이미 주어져 있다. 자본가들이 신기술들을 채택하는 것은 오직 그 기술들이 기존의 것보다 더 수익성이 있을 때뿐이다. 일단 이 신기술들이 관련된 부문들 전반에 걸쳐 일반화되면, (더 낮은) 일련의 새로운 가격들과 새로운 (부문간에 균등화된) 이윤율을 낳게 될 것이다. 물론 가격들의 변화는 혁신이 발생한 부문들에만 한정되지 않는다. 왜냐하면 (추측컨대) 이러한 더 낮은 가격은 그 상품들을 투입물로 사용하거나 임금의 일부로 사용하는 부문들까지 전파될 것이기 때문이다. 이 경우에 오키쇼의 질문은 다음과 같다. 과연 자본가들이 신기술들을 도입해 개별 이윤율을 상승시키려고 필사적으로 노력함으로써, 역설적으로 체제 전체의 이윤율 하락을 가져올 수 있는가? 실질임금이 증가하지 않는 한 그가 부정적 대답에 도달하는 것은 놀라운 일이 아니다. 그리고 그는 마르크스가 틀렸다고 결론짓는다.

우선 오키쇼 정리는 비교정태상의 연습이라는 점을 인식하는 것이 중요하다. 다시 말해서, 그것은 하나의 경제적 균형상태와 다른 경제적 균형상태를 비교한다. 이러한 비교정태의 사용은 공황의 원천인 이윤율의 운동을 분석한다는 맥락에서는 확실히 부적절하다. 달리 말하면, 만약 우리가 하나의 균형에서 다른 균형으로 이동한다면, 이윤율에 관해 어떤 일이 발생하더라도 우리는 공황을 분석하고 있다고 할 수 없다. 이러한 주장에 대해 유일한 예외가 있는데 그것은 앞 절에서 이미 논의한 바 있으며 제한적 의의와 효력밖에 지니지 못한다는 것을 입증한 바 있다. 그 예외란 이윤율의 운동이 후속하는 공황과는 독립적이지만, 그러나 공황의 원천인 경우를 말한다. 그러나 여기서 오키쇼는 다음과 같은 결과에 도달한다. 첫째, 경제는 하나의 정태균형 상태에서 다른 정태균형 상태로 이동한다. 둘째, 암묵적으로 만일 이윤율이 하락하면 공황이 발생하고 그렇지 않으면 공황이 발생하지 않는다. 그러나 왜 균형이 (심지어 더 낮은 이윤율을 가진 경우에조차) 갑자기 공황 속으로 붕괴해 버리는지 그 이유는 여전히 불분명하다.

이것은 두 균형 사이의 이동이라는 훨씬 더 흥미 있는 문제를 제기한다. 이 과정을 검토해 보면, 오키쇼와 관련된 접근법은 마르크스의 이윤율저하경향법칙의 해석과는 전혀 거리가 멀고, 오히려 그것의 변증법적 대립물이라는 것이 분명해진다. 그 이유는 다음과 같다. 오키쇼의 접근법에서, 개별 자본가는 금융이나 기술에 대한 우월적 접근을 통해 그리고 주어진 시초가격들 하에서 초기에 더 유리한 생산기술을 채택한다. 그래서 이 자본가는 평균보다 높은 이윤율을 얻는다. 이 결론은 오키쇼의 문제라는 좁은 의미에서는 맞다. 그러나 이 접근법은 마르크스의 OCC 상승 분석과는 선명한 대조를 보인다. 마르크스에게 이윤율 저하 경향은 앞에서 본 것처럼 투입물과 산출물을 과거의 가치로 평가하는 것에 기인한다. 또 그것은 하나의 전체로서 기능하는 자본에 적용된다.

이제 오키쇼 정리의 맥락에서 새로운 기술이 부문 내의 모든 자본에 일반화되고, 균형가격들과 이윤율이 새롭게 형성되는 문제를 고찰해 보자. 오키쇼가 사용한 것과 유사한 수학적 기법으로 다음과 같은 것을 입증할 수 있다. 혁신자본가의 단기이윤율이 (새로운 기술 전파 이후의) 새로운 장기 '균형' 이윤율보다 높으며, 후자는 (새로운 기술 도입 이전의) '원래의' 이윤율보다 높다. 이것은 기술혁신을 통해 이익을 얻어 오던 자본가가 그 혁신이 다른 자본들에게까지 일반화되면서 그 이익이 침식당한다는 것을 발견한다는 것을 의미한다. 신기술의 도입에 따른 가격들의 하락은 혁신자본가의 이윤율도 또한 하락시킨다. 따라서 오키쇼의 경우는 다음과 같이 말할 수 있다. 기술 변화로 생긴 가격형성은 개별 혁신자본가에게 (새로운) 평균을 향해 이윤율을 감소시키는 압력으로 작용한다. 이와 대조적으로 마르크스의 경우는 다음과 같이 말할 수 있다. 기술 변화로 생긴 가격(과 VCC)형성은 하나의 전체로서 기능하는 자본에게 이윤율 하락에 대한 반대 경향으로 작용한다. 왜냐하면 그것은 기술 변화의 결과로서 불변자본과 가변자본의 가치의 감소를 야기하기 때문이다.

이제 신기술 도입 과정과 다른 생산자들에게 일반화돼서 새로운 가격을 형성하는 과정, 이 두 과정을 종합해 보자. 오키쇼에게 이 두 과정은 직접적인 경험적 현상들이다. 그것들은 상호 작용해 더 복합적이고 구체적인 결과들을 낳지 않는다. 그것들은 단순히 대수적으로 합해져서 경제 전체의 이윤율 상승을 가져오는 종합적 결과를 낳는다. 더구나 두 개의 불균형과정들은 서로가 서로를 상쇄함으로써 체계를 조화로운 균형 속에 머물러 있도록 한다. 바로 이것 때문에 비교정학의 맥락에서 오키쇼의 접근법을 따르는 사람들은 OCC와 VCC를 전혀 구분하지 않는다. 대신 그들은 균형 VCC 개념에 전적으로 의존한다(그러나 그것의 이름은 OCC로 불린다). 이와 대조적으로, 마르크스에게는 법칙과 반대 경향들은 추상적 경향들이다. 즉 양쪽의 상호작용은 단순한 대수적 합이 아니라 공황을 통해 지배되는 축적경로다.

이처럼 협소한 시야에도 불구하고 오키쇼의 결과는 만약 임금이 오르면 이윤율이 경험적으로 떨어질 수 있다는 의미에서만큼은 힘을 발휘한다. 그러나 첫째, 이윤율은 임금수준과 관계없는 다른 이유들 때문에도 떨어질 수 있다. 한 예로, 만약 경제가 적대적인 외부충격을 받는다면(예컨대 수입품들의 가격 상승에 따라 교역조건이 나빠진다면) 이윤율은 하락할 수 있다. 둘째, 더 중요하게는 오키쇼의 결과는 필연적이지 않다. 왜냐하면 결과는 생산과 수요의 구조, 노동생산성의 동시적 변화의 영향, 그것들이 국제경쟁력에 미치는 영향, 그리고 다른 많은 요인들에 의존하기 때문이다. 특히 임금상승이 공황을 재촉할 수 있는 상황에서조차 자본축적은 실질임금 상승을 동반하면서 **원활**히 진행될 수도 있다. 왜냐하면 실질임금 상승은 소비수준의 상승을 가져오기 때문이다. 반대로 기술진보에도 불구하고 실질임금이 동일수준에 머문다면, 노동력 가치의 감소와 잉여가치율의 증가가 있게 된다. 이것들은 마르크스에게는 반대 경향들이다. 축적의 결과로서 그러한 반대 경향들이 존재한다는 사실은 공황의 부재를 보증하지 않는다.

이윤율 저하 경향과 반대 경향들에 관한 마르크스의 분석에서는 이 모든 결과들이 항상 가능한 반면에, 이윤-임금 비율에 관한 오키쇼의 좁은 관심 속에서는 그것들이 배제돼 있다.

토의주제와 추가 독서 목록

이윤율저하경향법칙을 둘러싼 논쟁점들을 지금까지 본문에서 다뤄 왔다. 칼 마르크스는 마르크스(1981a, 3부)에서 자신의 분석을 전개한다. 본문의 설명은 벤 파인(1982, 8장)과 벤 파인·로렌스 해리스(1979, 4장), 특히 벤 파인(1992a)에 기초하고 있다. 비슷한 해석들로는 던컨 폴리(1986, 8장), 기어트 로이텐(1997), 로만 로스돌스키(1977, 26장), 존 윅스(1982a)를 참조하라. 마르크스에 대한 노부 오키쇼(1961)의 비판은 지대한 관심을 끌어 왔으며, 가장 최근의 논의들로는 ≪정치경제학 연구≫(18권, 2000)에 수록된 논문들을 보라. 그러나 노부 오키쇼(2000)에서 그가 원래 논문의 한계들을 인정한 대목들을 (그가 제안하는 변경들이 이 장에서 제기하고 있는 문제들을 다루지 않는 것을 포함해) 참조하라.

제10장
전형문제

마르크스의 관심은 ≪자본론≫ 제1권에서는 가치와 잉여가치의 생산에, 제2권에서는 그 순환과 교환에 있다. 제3권의 주요부분은 생산과 교환의 상호작용에서 생겨나는 것들의 분배관계를 다룬다. 마르크스는 자신의 분석에서 경쟁하는 산업자본들 사이와 산업자본 전체와 (상업자본과 금융자본을 포함한) 다른 형태의 자본들과 지주계급 사이에서 생산된 잉여가치의 분배에 초점을 맞춘다.

자본마다 가치를 생산하는 노동의 고용량이 다르기 때문에, 일반적으로 산업자본가들은 동일한 투자로 상이한 양의 잉여가치를 생산한다고 마르크스는 주장한다. 그럼에도 모든 자본은 (경향적으로) 동일한 수익률을 누리지 않으면 안 된다. 만일 그렇지 않을 경우 자본들은 수익성이 더 높은 경제 영역으로 이동할 것이다. 마르크스는 자본과 노동의 경제 전반에 걸친 배분, 산업자본이 생산한 잉여가치의 분배(다른 형태의 자본이 없을 때)를 가치가 생산가격으로 전형되는 것을 통해 설명한다. 더 구체적인 분석수준에서는 상업자본가들과 금융자본가들, 그리고 지주들이 산업자본이 생산한 잉여가치의 일부를 차지한다. 마르크스는 이 과정들을 상업이윤·이자·지대에 관한 분석을 통해 설명한다(이 책에서는 11, 12, 13장에서 각각 다루고 있다).

가치에서 생산가격으로

마르크스는 상이한 경제부문들 사이의 잉여가치 분배를 다루기 위해 우선 이윤율이 균등화되는 경향에 주목한다. 마르크스는 일반이윤율을 r=S/(C+V)(여기서 가치량들 S, C, V는 각각 잉여가치의 총계, 경제 전체의 불변자본과 가변자본을 가리킨다)라는 공식으로 표기하고 나서 다음과 같이 주장한다. 각 자본가는 미리 지출한 자본의 총량에서 자신이 차지하는 비율에 따라 생산된 잉여가치의 총량에서 자신의 몫을 차지할 것이다. 이것은 마치 개별 자본가가 경제 전체에서 주식 소유지분에 따라 배당금을 받는 것과 같다. 그 결과 i번째 자본가가 미리 지출한 자본의 양이 c_i+v_i라면 그의 이윤몫은 $r(c_i+v_i)$가 될 것이다. 예를 들어 일반이윤율이 50퍼센트이고 미리 지출한 자본량이 10만 파운드(가변자본과 고정자본의 감가상각비를 포함한 불변자본으로 구성)라면 그 기업의 연간 이윤율은 (경향적으로) 5만 파운드가 될 것이다.

이에 상응해 비용에 이윤을 더한 i번째 상품의 **생산가격**을 다음과 같이 표시할 수 있다.

$$p_i = c_i + v_i + r(c_i + v_i) = (c_i + v_i)(1 + r)$$

단순한 예를 들면 다음과 같다(표 10.1 참조).

표 10.1 마르크스의 전형*

자본	잉여 가치율	잉여가치	산출물 가치	가치 이윤율	가격	이익	가격 이윤율
$M=c+v$	$e=s/v$	$s=ev$	$M=c+v+s$	$r=s/(c+v)$	$p=(c+v)(1+r)$	$\pi=p-(c+v)$	$r=\pi/(c+v)$
60c+40v	1	40	140	0.4	150	50	0.5
40c+60v	1	60	160	0.6	150	50	0.5
100c+100v	1(또는 100퍼센트)	100	300	0.5(또는 50퍼센트)	300	100	0.5(또는 50퍼센트)

* 맨 아랫줄은 총합이나 평균을 나타낸다.

서로 다른 재화들을 생산하는 두 개의 자본만이 존재한다고 하자. 그중 하나는 60c+40v의 자본을 사용하고, 다른 하나는 40c+60v의 자본을 사용하며 잉여가치율은 100퍼센트라고 하자. 이 경우 첫 번째 자본의 산출물 가치는 60c+40v+40s=140일 것이고 두 번째 자본의 산출물 가치는 40c+60v+60s=160일 것이다.

이 예는 한 가지 중대한 문제를 야기한다. 만약 자본가들이 같은 액수의 화폐를 미리 지출하지만, c와 v의 비율이 다르다면 그들의 이윤율은 다르다. 첫 번째 자본은 $r_1=40/(40+60)=40$퍼센트만의 이윤율을 얻지만, 두 번째 자본은 $r_2=60/(60+40)=60$퍼센트라는 훨씬 더 높은 이윤율을 얻는다. 이것은 미리 지출한 자본들의 구성 차이에 기인한다. 가변자본의 비율이 상대적으로 높은 쪽의 이윤율이 더 높다. 이것은 놀라운 일이 아니다. 만약 유일하게 노동만이 가치를 (따라서, 이윤을) 창출하고, 반면에 생산수단들은 그것들의 가치를 산출물에 이전하는 데 그친다면, 더 많은 노동을 고용하는 자본은 더 많은 가치와 잉여가치를 생산할 것이고, 다른 모든 조건이 일정하다면 더 높은 이윤율을 누리게 될 것이다.

이처럼 상이한 부문들에서 상이한 이윤율을 얻고 있는 자본들은 부문간의 자본 이동 가능성이 주어질 경우 장기적으로 공존할 수 없을 것이다. 달리 말하면, 각 자본가는 자본을 미리 지출하는 데 똑같이 기여했기 때문에(100) 각자는 이윤분배에서 같은 몫을 차지해야 한다 (50). 이 결과는 생산가격이 각각 150일 때만 가능하다. 이것은 두 부문에서 생산되는 가치의 차이에도 불구하고 그러하다. 다른 말로 표현하자면, 서로 다른 부문들에서 조업하는 자본들 사이의 이윤율 균등화는 경제의 부문들 전반에 걸친 (잉여)가치의 이전을 필요로 한다.

종합하면, 상품을 생산하기 위해 자본이 사용하는 노동, 원료, 기계의 양은 일반적으로 부문마다 다를 것이므로, 마르크스는 산출물들이 가치에 따라 교환되는 것이 아니라 생산가격에 따라 교환된다고 결론 짓는다. 이 생산가격은 가치와 일치하지 않는다. 왜냐하면, 각 부문의 자본구성(c_i/v_i)이 경제 전체의 평균보다 크거나 작기 때문이다(표 10.1의 예에서 첫 번째 자본의 구성은 $c_1/v_1=3/2$, 두 번째 자본의 구성은 $c_2/v_2=2/3$, 이에 비해 경제 전체의 평균 자본구성은 1임에 주목하라).

마르크스의 전형과 그에 대한 비판들

가치와 가격 사이의 관계에 대한 마르크스의 설명이 그의 가치이론 가운데 가장 논쟁적 측면들 중 하나라는 사실은 어쩌면 놀라운 일이다. 그것은 일부 논자들과 심지어 마르크스주의에 공감하는 사람들 조차도 노동가치론을 부적절하거나 심지어 오류인 것으로 기각하도록 만들었다.

이러한 반응이 나타난 이유는 전형문제에 대한 마르크스의 해법이 부정확한 것으로 간주되는데다 나아가 소위 '오류'의 결과들이 심각하기 때문이다. 비판의 핵심은 다음과 같다. 마르크스가 보여 준 것은 자본들이 부문들에 걸쳐 경쟁할 때(그리고 자본 이동이 일어날 때) 상품들은 더는 가치와 동일한 가격으로 교환되지 않는다는 것이다. 그러나 그것을 보여 주는 과정에서 마르크스는 여전히 투입물들 c와 v(그리고 생산가격의 계산에서 사용되는 '가치' 이윤율)를 마치 그것들이 가격들이 아니라 가치들인 것처럼 평가한다. 바꿔 말하면, 비판자들에게 마르크스는 마치 상품들이 산출물로서는 '가치대로' 구매되지만(각각 140, 160), 투입물로서는 '가격대로'(둘 다 150) 팔린다고 가정하는 것이나 마찬가지다. 구매가격과 판매가격은 일치해야 하므로 이 가정은 정합적이지 못하다.

균형 상태에 있는 경제에서 주어진 가치를 생산가격으로 전형하는 문제에 대해서는 이것은 참으로 중대한 결함이다. 그러나 마르크스는 그것을 충분히 알고 있었으며 또 그것은 쉽게 교정될 수 있다. 이것은 산출물뿐만 아니라 투입물도 동시에 전형하는 문제에 불과하며, 여기서 되풀이할 필요가 없는 단순한 대수학적 절차다. 이 '교정'의 함의는 간단명료하다. 이 교정은 상품들은 가치 외에도 생산가격을 가지며, 따라서 두 개의 다른 계산체계가 가능하다(이 둘이 이론적으로나 실천적으로 동일한 의의를 가질 필연성은 없다)는 것을 보여 준다. 이 계산

체계들 중 하나는 각 상품을 생산하는 데 사회적으로 필요한 노동시간을 표현한다. 그리고 다른 하나는 일반적으로 상품이 판매될 때 가져올 화폐량을 표현한다.

이러한(또는 다른 어떤 종류의) '전형문제'의 대수학적 해법보다 더 중요한 것은 다음과 같은 인식이다. 즉 마르크스의 노동가치론은 교정된 대수학적 해법이 암시하려고 하는 것처럼 양적인 수수께끼로 전락해 버릴 수는 없다. 결정적으로 중요한 것으로, 마르크스는 다음과 같은 것을 보여 줬다. 즉 가치라는 것은 생산자들 사이의 사회적 관계의 결과로서 존재하며, 가격형성이란 생산을 교환관계 속으로 옮기는 것이다. 그러한 관계들이 (단순히 상상의 산물이 아니라) 존재하기 때문에, 가치는 가격이론에 대한 대수학적 해법이 만족스러운지 여부에 따라 기각될 수 없다. 오히려 가치와 가격 사이에 **실제로** 존재하는 관계가 이론적으로 인식되고 분석적으로 탐구돼야 한다. 예컨대 왜 지배적인 생산관계가 가치형태를 낳는가? 가치는 실제로 어떻게 가격으로 나타나며, 시간이 지남에 따라 어떻게 변하는가?

이러한 관점에서 볼 때, 전통적으로 생각돼 온 전형문제는 서로 다른 부문들의 **자본의 가치 구성**(VCC) 차이가 갖는 함의에 주목한다는 점을 인식하는 것이 중요하다. 이것은 c와 v가 표 10.1에서 **화폐량**이고, 140, 160은 단위 산출물의 '원래' 가격들이며, 150은 '경쟁을 통해 수정된' 단위가격들인 것처럼 취급하는 것이다.

그러나 이것은 마르크스의 관점과 **다르다**. 제3권에서 마르크스는 전형을 **자본의 유기적 구성**(OCC)과 관련해 생각한다. 제8장에서 이미 본대로, 자본의 유기적 구성은 원료가 산출물로 변환되는 비율 차이의 효과에만 관련이 있다(투입물가치의 차이는 OCC와 관련이 없다. 그것은 VCC를 통해 포착된다). 이처럼 마르크스는 투입물들(c와 v)이 어떻게 그들의 가격들을 과거에 갖게 됐는지보다는 자본의 유기적 구성들의 차이가 가격과 이윤형성 과정에 어떤 영향을 미치는지에 더 많은 관심을 갖고 있다.

바꿔 말하면 마르크스의 전형문제는 다음과 같다. 즉 만약 어떤 부문에서 (미리 지출된 가변자본 v에 고용된) 일정량의 살아 있는 노동이 다른 부문보다 더 많은 양의 원료(c로 대표된다)를 처리한다면, (비용과 상관없이) 그렇게 생산되는 상품은 가치에 비해 더 높은 가격을 갖게 될 것이다. 이에 대해서는 앞에서 논의했고 표 10.1에 숫자로 보여 줬다. 마찬가지로, 생산에서 더 많은 양의 노동을 사용하면 더 적은 양을 사용하는 경우보다 더 많은 가치와 이윤을 창출할 것이다 (이것은 부문, 생산되는 사용가치, 원료의 비용과 무관하다). VCC가 아닌 OCC의 사용은 전형에 관한 마르크스의 분석에서 중요하다. 왜냐하면 OCC는 이윤율을 생산영역과 연결시키기 때문이다. 거기서는 살아 있는 노동이 가치와 잉여가치를 창출한다. 반면에 VCC는 이윤율을 교환영역과 연결시킨다. 거기서는 상품들이 거래되고 새로 수립되는 가치들이 자본의 축적률을 측정한다.

OCC에 대한 마르크스의 강조는 그가 미리 지출된 자본들의 가치 창출 능력의 차이가 가격에 미치는 영향에 주로 관심이 있음을 보여 준다. 즉 생산수단을 산출물로 전환시키는 데 필요한 노동의 양의 차이가 가격에 미치는 영향(원료로 사용되는 생산수단의 가치에 관계없이)에 주로 관심이 있음을 보여 준다. 이윤의 창출과 분배에 관한 분석에서 OCC를 사용하는 것은 중요하다. 왜냐하면 OCC는 잉여가치와 가치의 원천을 **부불노동**으로 분명하게 파악하기 때문이다. 이것은 마르크스가 다음과 같은 자신의 주장들을 입증하는 데 도움을 준다. 기계는 가치를 창출하지 않으며, 잉여가치와 이윤은 부등가 교환에 기인한 것이 아니고, 산업이윤과 이자와 지대는 생산적 임금노동자가 생산한 잉여가치의 부분 몫들이다.

이 장의 논의는 마르크스가 자신의 전형문제에서, 주류 경제학이(그리고 마르크스의 이론에 대한 통상적 해석이) 균형가격이론을 다루는 것과 달리, 생산에서 생기는 차이나 변화와 가격형성 사이의 관계를 다루고 있음을 보여 준다. 이것은 제3권에서 이윤율저하경향법칙을 다루기 위한 전주곡의 구실을 한다(이 책의 전개 순서는 뒤바뀌었지만). 마지막으로, 전형문제와 이윤율저하경향법칙은 일반적으로 두 가지 별개의 문제로 간주돼 왔다(비록 두 문제 각각에 대한 특정 저자의 견해가 종종 마르크스의 가치이론에 대한 헌신이나 반대로 해석돼 왔지만 말이다). 그러나 이 장과 앞의 장에서는 VCC와 구별되는 것으로서 OCC를 일관성 있게 사용해 두 가지 문제가 서로 긴밀하게 연관돼 있다는 사실을 발견했다. 두 문제는 모두 생산과 교환의 통합으로 야기된 긴장과 관련이 있다. 특히 생산조건의 차이나 변화가 가격형성에 미치는 영향과 더 일반적으로는 교환에서 벌어지는 운동들과 관련이 있다.

토의주제와 추가 독서 목록

전형문제와 관련된 논쟁점들은 앞장에서처럼 본문에서 개괄적으로 다뤘다. 심지어 마르크스에 호의적인 사람들조차 전형문제를 마르크스 정치경제학의 다른 '문제들'에서 제멋대로 분리해, 결국 가격형성 그 자체의 문제에 관한 논쟁으로 얼마만큼 변질시켜 버렸는지 주목할 만하다. 전형문제에 관한 문헌이 방대하다는 것은 놀라운 일이 아니다. 원래의 취급방식은 마르크스(1981a, 1~2부)에 제시돼 있다. 이 장에서 제시된 전형문제에 대한 이해방식은 벤 파인(1983a)이 최초로 제시했다. 알프레도 새드-필호(1997b, 2002, 7장)는 그것을 설명하고 더 발전시켰다. 전형문제에 대해서는 몇 가지 대안적 접근방식들이 있다. 개관을 위해서는 사이먼 모훈(1995)과 알프레도 새드-필호(2002, 2장)를 보라. 가치이론을 부적절하거나 잘못된 것으로 기각하는 스라파주의적 분석은 이안 스티드먼(1977)에 간명하게 제시돼 있다. 그에 대한 비판으로는 벤 파인(1986), 밥 로우톤(1980), 안와르 샤이크(1981, 1982)를 참조하라. 제랄드 뒤메닐(1980)과 던컨 폴리(1982)는 전형문제에 관한 '새로운 해석'을 제안했다. 이들은 소위 마르크스의 수수께끼를 풀기 위한 수단으로 화폐의 가치에 주목한다. 이들의 접근방식은 벤 파인·코스타스 라파비트사스·알프레도 새드-필호(2004)와 알프레도 새드-필호(1996)가 비판적으로 검토했다.

제11장
상인자본

이 장과 다음 장은 교환영역 내부의 자본에 관한 마르크스의 이론을 간단히 설명한다. 앞의 장들에서는 잉여가치 생산에서 자본이 수행하는 기능에 분석의 초점을 맞춰왔다. 반면에 교환은 필요하지만 거의 조사되지 않은 일종의 보완물로 간주돼 왔다. 그러나 이윤과 이자에 관한 분석은 생산 이외의 영역에서 자본의 활동에 관한 면밀한 연구를 필요로 한다. 그것도 이전의 연구주제들과 긴밀한 관계 속에서 이뤄져야 한다. 이 장은 상인자본 범주를 설명한다. 제12장은 이자를 낳는 자본을 탐구한다.

마르크스의 상인자본 범주

교환영역에 존재하는 자본을 취급할 때 마르크스가 일관되게 취하고 있는 견해들 중 하나는 **화폐로서 기능하는 화폐**와 **자본으로서 기능하는 화폐**를 구분하는 것이 매우 중요하다(4장, 12장 참조)는 점이다. 화폐가 화폐로 기능하는 것은 그것이 단순히 두 행위자들 간에 교환수단으로 기능할 때, 따라서 상품교환을 매개할 때다. 이것은 총자본순환에서 그 행위자들의 위치와 무관하다(즉 그들이 생산에 종사하는 자본가들이든, 소비에 연루된 자본가들과 노동자들이든 관계없다). 따라서 화폐로서 기능하는 화폐는 단순상품유통 C — M — C에 비춰 이해된다. 반면에 자본으로서 기능하는 화폐는 자본순환 M — C … P … C — M'에 비춰 이해된다. 여기서 화폐는 잉여가치 생산이라는 특수한 목적을 위해 사용된다.

자본주의에서 화폐의 두 가지 기능 사이에는 일정한 관계가 있다. 왜냐하면 단순상품유통의 교환들과 산업적 생산의 교환들은 궁극적으로는 서로 연결되기 때문이다. 이 점은 어떤 한 행위자에게 C — M이 다른 한 행위자에게는 M — C라는 사실을 우리가 인식할 때 가장 선명하게 드러난다. 더구나 관련된 교환행위들을 촉진하기 위해 화폐가 대부되고 차입됨에 따라, 화폐로서 기능하는 화폐의 사용과 자본으로서 기능하는 화폐의 사용 양쪽 모두 신용관계를 수반할 수 있다. 마르크스는 화폐로서 기능하는 화폐의 작동을 상인자본의 일부로서 상세히 분석한다.

마르크스의 상인자본 취급 방식은 추상적이다. 자본주의적 생산과 교환이 비록 서로 밀접히 관련돼 있긴 하지만, 그것들은 별개의 것들이다. 마르크스는 이 활동들의 분리경향을 인지한다. 상인자본의 특수한 성질을 이해하기 위해서는 이 경향이 이론 속에서 재생산돼야 한다. 상인자본은 교환만을 수행하는 쪽으로 경도돼 있다.

산업자본은 잉여가치를 생산한다. 상인자본은 그것을 유통시키고 자본의 상품형태들과 화폐형태들 사이의 이행을 촉진한다(간접적으로 산업자본의 효율성을 증가시키고 따라서 생산되는 잉여가치의 양을 증대시킨다). 이러한 산업자본과 상인자본의 분화 외에도, 마르크스는 상인자본 자체가 두 가지 형태로 분화하는 경향이 있음을 지적한다. (상품들을 구매하고 판매하는) 상업자본과 (화폐를 취급하는) 화폐취급자본(MDC)이 그것이다.

자본주의적 생산의 발전과 함께 구매와 판매 행위들이 특정한 자본가들의 전문화된 일거리가 된다(예를 들어 운송, 저장, 소매, 도매). 그리하여 자본가들 사이의 분업이 생겨난다. 이 경우 산업가들은 (잉여)가치의 실현을 위해 전문화된 상인들에게 의존한다. 나아가 상품생산 형태에서 발생하는 특정한 기능들은 화폐취급자들의 전문 활동들이 된다. 부기(簿記), 준비금의 계산과 유지, 출납원과 회계원의 기능 등이 거기에 포함된다.

마르크스는 다음과 같은 점을 부언한다. 상인자본은 산업자본과 마찬가지로 이동하기 쉽고(산업가들은 상업으로 이동할 수 있고 그 역도 마찬가지다), 따라서 상인자본의 수익률은 산업자본의 이윤율과 균등화되는 경향이 있다. 비록 전자가 스스로 잉여가치를 생산하지 않지만 말이다(잉여가치는 산업자본이 고용하는 생산적 노동에서만 창출될 수 있다. 제3장을 보라).

수정된 생산가격

상인자본의 개입은 생산가격의 형성을 변화시킨다. 왜냐하면 상품들의 구매와 판매에 지출된 자본은 잉여가치를 생산하지 않는 반면 이윤으로 분배되는 잉여가치를 균등하게 할당받는 경향이 있기 때문이다. 상인들의 관점에서 보면, 그들이 구매하는 노동력도 생산적인 것처럼 보인다. 왜냐하면 그 노동력은 미리 지출한 자본의 가치를 확대할 목적으로, 가변자본으로 구매됐기 때문이다. 그러나 그 노동력이 창출하는 것은 잉여가치가 아니라 산업자본에서 생산된 잉여가치의 일부를 전유할 수 있는 상업자본의 능력에 불과하다. 따라서 상업비용(과 그것에 대한 이윤)은 부가가치가 아니며, 상업자본은 상품의 판매가격을 결정하지 않는다. 상업이윤은 상인이 상품을 생산가격 **이하로** 구입해 생산가격에 판매함으로써 확보된다(제10장 참조).

거래에는 비용이 들지 않고 상인들은 자신들의 기능을 수행하기 위해 단순히 B 량의 화폐를 미리 지출한다고 하자. 통상적 기호를 사용해 표현하면 이제 총지출자본은 C+V+B이고 일반이윤율 $r=S/(C+V+B)$이다. 산업가들은 상인들에게 상품을 가치보다 낮은 가격 $(C+V)(1+r)$로 판매한다. 상인들은 이 가격에 자신들의 이윤을 덧붙여 $(C+V)(1+r)+Br$ $=C+V+(C+V+B)r$의 가격으로 판매한다. 그런데 $(C+V+B)r=S$이므로 상인들의 총판매가격은 생산된 총가치 C+V+S와 같다.

상인들이 단순한 화폐의 선(先)지출 이외의 비용을 부담할 경우에는 문제가 약간 복잡해진다. 이 비용에는 유통과정에 사용되는 생산수단의 비용과 상업임금으로 미리 지출된 가변자본이 포함될 수 있다. 이 비용을 K_m이라고 하자. 위의 절차를 따르면, 산업가들은 상인들에게 가치 이하 가격, 즉 $(C+V)(1+r)$의 가격으로 판매한다. 상인들은 그들의 선지출 화폐 B에 대해 평균이윤율을 얻고, 그 비용 K_m에 이윤을 덧붙여 회수한다. 총가치는 총판매가격과 일치하므로, $C+V+S$ $=(C+V)(1+r)+Br+K_m(1+r)$이다. 따라서 $r=(S-K_m)/(C+V+B+K_m)$이다. 선

지출자본 K_m이 분모에 반영되고, 자본가들 전체에게 분배돼야 할 잉여가치에서 공제돼야 할 비용으로 분자에도 나타나는 것은 놀라운 일이 아니다.

더 복잡한 분석 수준에서의 상인자본

일단 산업자본의 순환에서 생산영역과 교환영역의 상응하는 구분을 받아들일 경우, 산업자본과 상인자본의 이론적 구분은 원리상으로는 매우 간단하다. 그러나 실제에서는 문제가 그렇게 간단하지 않다. 왜냐하면 역사적으로 그리고 현재에 이르기까지 지속적으로 이러한 구분을 뛰어넘는 '변종'들이라고 부를 만한 것들이 존재해 왔기 때문이다. 일부 산업가들은 판매를 위해 교환에 종사하는 전문 상인들에 의존하기보다는 자신의 계산 하에 판매할 수도 있다. 일부 상인들은 선대제나 더 최근에 의류 소매업자들이 수많은 저임금노동을 이용하는 방식에서처럼, 생산을 조직하는 일에 끼어들 수도 있다. 이들은 산업자본인가 상업자본인가? 그 어느 것도 아닌가 아니면 둘 다인가?

더 일반적으로 산업가들이 생산·상업·금융관리라는 상이한 형태들에 종사하는 경우를 종종 볼 수 있다. 이러한 경계 침범들은 생산과 교환의 분석적 구분을 부정하지 않는다. 그러나 그것들은 때때로 분류 문제가 이론 안에서는 해결될 수 없으며 오직 상세한 경험적 조사를 통해서만 해결될 수 있음을 시사한다. 특정한 자본 단위들을 위의 범주들 중 어느 것에 귀속시킬 것인가는 그러한 활동들이 생산영역과 교환영역에서 독립적으로 수행되는 것이 어느 정도까지가 정상적인지에 달려 있다(그럼으로써 '변종'에 대한 기준을 설정한다). 또 이미 암시한 것처럼 산업 활동과 상업 활동의 구분과 귀속은 유동적이므로, 양자 간의 관계의 동학과 특정 형태들이 더 안정된 배열로 이행하는지의 여부를 파악하는 일이 중요하다.

아마도 한 가지 비유가 도움이 될 것이다. 자영업자의 예를 들어 보자. 그들의 지위는 무엇인가? 그들은 착취당하는 임금노동자가 아닌 것처럼 보인다. 그러나 만약 그들의 소득이 숙련된 임금소득자와 같고, 똑같은 시간을 아마도 똑같은 회사를 위해 노동한다면? 그 경우 실질적으로 자영업자들은 위장된 임금노동자들이다. 그러나 만약 소득이 생산된 가치를 초과한다면(예컨대 정상급 회계사들이나 변호사들이라면)? 이 예는 분류문제나 변종 범주들의 존재가 추상적 분석을 무효화할 필요가 없다는 것을 암시한다. 이 예는 더 세부적인 서술적 범주들로 끊임없이 하강하지 않기 위해서 추상적 분석이 오히려 더욱 필수적임을 보여 준다. 그러나 추상적 분석의 한계들은 인정돼야 하며, 더 나아가기 위해서는 경험적 현실에 의거하지 않으면 안 된다.

이러한 모호한 것들의 존재와 그 모호함의 동태적 이유나 구조적 이유는 오직 경험적으로만 인지될 수 있다. 정확히 똑같은 이야기를 생산영역과 교환영역의 구분이나 산업자본과 상인자본의 구분에 대해서 말할 수 있다. 이 논점들을 여기서 좀 길게 거론한 것은 상인자본을 둘러싼 난제들을 해결하기 위해서만은 아니다. 그것은 이 논점들이 화폐와 이자를 낳는 자본이라는 한층 더 복잡한 경우에 대해서 중요한 의미를 지니기 때문이기도 하다.

상인자본에 관한 마르크스주의 문헌은 많지 않으며 논쟁은 상업 활동이 생산적인지의 여부에 집중돼 왔다(제3장 참조). 칼 마르크스의 이론은 마르크스(1981a, 4부)에 전개돼 있다. 이 장의 해석은 벤 파인(1988)과 벤 파인·엘런 레오폴드(1993, 20장)에 기초한 것이다. 또 던컨 폴리(1986, 7장)를 참조하라.

제12장
은행자본과 이자이론

앞장에서 설명한 마르크스의 상인자본에 대한 분석은 **화폐로서 화폐**의 기능에 기초를 두고 있다. 반면에 이자를 낳는 자본(IBC)에 관한 그의 이론은 **자본**으로서 화폐의 기능에 기초하고 있다. 그의 이론은 한편으로 화폐자본가들과 다른 한편으로 산업·상업 자본가들 사이에 일어나는 대부와 차입에 관심이 있다. 마르크스에게 IBC를 특징짓는 것은 은행에서 차입을 하는 것이나 이자 지불이 아니라 대부금의 용도다. 대부금은 화폐자본으로서 미리 지출돼야 하며 산업자본의 순환을 개시(開始)하는 데 사용돼야 한다. 따라서 IBC를 이용할 수 있다는 것은 단순히 차입할 수 있다는 것보다는 자본가가 될 수 있다는 것을 의미한다.

이러한 관계 속에서 차입과 대부의 대상으로서 화폐자본은 특별한 형태의 상품이 된다. 그것은 대부자와 차입자에게 모두 자기 확장이라는 사용가치를 제공한다. 즉 전자는 이자를 실현하고, 후자는 차입된 화폐자본을 사용해 생산한 잉여가치에서 이자를 지불하고 남은 기업이윤을 실현한다. 마르크스는 이 특별한 상품의 가격(이자율)이 '불합리'함을 강조한다. 왜냐하면 이자율은 저변의 생산조건들과 아무런 관련을 맺고 있지 않기 때문이다. 그것은 차입자와 대부자 계급들을 지배하는 경쟁적 관계들에 의존한다. 이 문제들은 아래에서 논의할 것이다.

이자를 낳는 자본(IBC)

IBC를 산업·상업 자본과 구분하는 것은 두 가지 특징이다. 첫 번째는 특히 화폐를 선(先)지출해 잉여가치를 전유할 목적으로 차입과 대부(즉 신용관계)를 이용하는 것과 관련된다. 이 신용관계들은 자본가 계급 내 두 개의 주요한 분파를 수반한다. 화폐자본가들은 IBC의 공급을 통제한다. 산업자본가들은 생산에서 자본으로 사용하기 위해 IBC를 차입하고, 산업순환의 전체 과정에 걸쳐 자본의 기능에 대해 책임지며, 생산과 판매를 감독한다. 이러한 자본가 계급의 분할에 대해 자본가 계급이 추출하는 잉여가치의 분할이 대응한다. 위에서 설명한 것처럼, 화폐자본가들은 이자를 받는 반면 산업자본가들은 이자를 지불하고 남는 기업이윤을 차지한다(이자율의 결정에 대해서는 뒤에서 논의할 것이다).

둘째로, IBC는 산업·상업 자본가들, 노동자들, 국가 등의 일시적 유휴화폐의 퇴장(退藏)뿐 아니라, 상품자본의 판매를 통해 축적되는 화폐자본에도 자신의 존재근거를 두고 있다. 이러한 퇴장과 저축은 금융기관들 안에 수집되고 집중돼, 산업자본이 이용할 수 있는 잠재적 화폐자본으로 전형된다. 따라서 IBC는 총자본을 대신해 화폐자본에 대한 소유와 통제의 기능을 수행한다. 그러나 IBC는 이러한 금융기관들의 법률적 소유물이 아니며, 예금자들은 그들의 자금을 회수할 권리를 지닌다(하지만 다양한 형태의 금융 투자들이 예금자들의 인출능력에 일시적 제약을 가할 수 있다). 은행들은 예금 수준 이상으로 신용을 확대할 수 있고, 그러한 신용이 산업자본의 순환을 개시하는 데 이용될 수 있다.

산업자본과 IBC의 차이는 양자의 순환식으로 설명할 수 있다. 제4장에서 본 것처럼, 산업자본은 M − C − M'로 표현되며 이 순환에서 화폐는 생산·교환 과정에 개입한다. 반면에 IBC는 M − M'로 표현되고, 여기서 화폐는 생산·교환 과정에서 유리돼 있다.

IBC의 이용 가능성이 급속한 축적을 위한 관건이라는 점은 ≪자본론≫ 전체를 관통하는 불변의 주제다. 자본규모의 증대(때때로 차입을 통해 이뤄진다)는 경쟁적 축적의 가장 중요한 수단들 중의 하나다. 예를 들어 집중화 과정은 일반적으로 은행 대부를 통해 그 자금이 조성되며, 더 진보된 기계를 도입하는 것을 통해 생산성을 증가시키려고 할 때 자본규모는 결정적 구실을 한다. 이러한 관계들과 과정들에 관한 상세한 분석을 통해 마르크스는 금융체제의 구조와 그것이 산업자본과 맺는 관계를 설명한다.

화폐자본과 금융체제

앞장에서 상인자본의 '변종'들의 예에서 본 것처럼, 산업자본과 IBC에 대한 마르크스의 구분은 항상 명료하게 경험적 분석으로 전환되는 것은 아니다. 여기에는 두 가지 중요한 이유가 있다.

한편으로, 화폐로서 화폐의 기능들은 다양한 금융수단들을 통해서 수행될 수 있다. 예를 들어 신용카드는 지불수단의 기능을 수행할 수 있지만, 모든 계정들을 한 번에 최종적으로 청산하지는 못한다. 그 결과 일련의 복잡하고 중복적인 화폐적 수단들의 계층구조가 존재하게 된다. 이 중층적 계층구조의 최정상에는 '고유한 화폐'가 있으며, 그것은 (미국 달러든 금과 같이 좋은 어떤 것이든 간에) 모든 환경에서 모든 기능들을 온전히 수행한다. 이와 마찬가지로 화폐취급자본(MDC)과 관련된 활동들, 즉 기장(記帳) 준비금의 계산과 유지, 출납원의 기능 등은 몇 가지 다른 방식으로 수행될 수 있다. 예컨대, 그 활동들은 기업 내부에서 수행할 수도 있고(기업들이 자신의 회계원들을 채용하거나, 환율의 움직임을 예상하고 선물·옵션 시장에 투기하기 위해 특별부서들을 만들거나 하는 경우), 은행제도 외부의 특수한 기업들이 수행할 수도 있고, 금융기관들이 수행할 수도 있다. 비록 이러한 활동들이 산업자본이 기업내부에서 수행한다 하더라도(자본주의 발전의 초기단계나 오늘날의 중소기업처럼), 분석 차원에서 보면 그것들은 상인자본의 기능에 속한다. 따라서 이 활동들은 비록 잉여가치를 생산하지 않지만 정상이윤율을 끌어당긴다(제11장 참조). 상황이 어떻든 간에, MDC를 IBC와 구별하는 세 가지 분석적 구분이 존재한다. 첫째로 MDC는 신용 일반을 미리 제공하는 반면에, IBC는 잉여가치를 전유하기 위해 신용관계를 이용해 화폐자본을 미리 지출한다. 둘째로, MDC는 (상업자본과 마찬가지 방식으로) 산업이윤의 일부를 포획하는 반면, IBC는 잉여가치를 이자와 기업이윤으로 분할하도록 이끈다. 셋째로, MDC에 대한 수익률은 일반이윤율에 따라 제한되는 반면에, IBC의

수익률은 정상이윤율을 초과한다(아래의 설명 참조). 이러한 차이점에
도 불구하고 MDC가 고도로 발달한 현대사회에서 MDC의 기능들은
통상 은행제도를 통해 수행되며, 관련된 자원들은 IBC의 일부가 된다.

다른 한편으로, IBC는 잉여가치를 생산하거나 전유할 목적으로 행
해지는 다양한 활동들에 관계할 수 있다. 이러한 개입은 독립적으로
이뤄질 수도 있고 산업자본과 연계함으로써 이뤄질 수도 있다. 신용제
도는 재생산과정의 범위를 확대하고 생산력의 발전과 세계시장의 확
대를 촉진한다. 이러한 활동들에 대한 보수는 주식이나 벤처자본처럼
자본주의 경제의 상황과 특정한 투자에 따라 다를 수도 있고, 보수가
미리 정해질 수도 있으며, 다소간 위험할 수도 (위험하다고 간주될 수
도) 있다. 이러한 거래들의 형태와 조건이 어떻든 간에, IBC는 그 거래
들을 통해 하나의 전체로서 자본의 순환과 그것의 경제적 재생산에
개입한다. 이러한 관계들을 통해 IBC는 앞으로 생산돼야 할 잉여가치
에 대한 청구권을 대표한다. 그것은 앞으로 이뤄져야 할 지불을 수반
하는 거래들을 통해서일 수도 있고, 이러한 청구권의 거래 가능한 자
산들로 전환하는 것을 통해서일 수도 있다. 그러한 청구권을 자산으로
전환시키는 것은 채무회수대행시장, 국채시장, 나아가 외환시장과 미
래에 생산될 상품을 위한 선물시장 등 다양한 시장들에서 이뤄진다.
이 시장들은 서로가 서로를 키운다. 또 이 시장들에서는 연기금과 투
자신탁처럼 금융서비스들이 포트폴리오 자산으로 판매된다. 이것들
각각은 재산에 대한 문서화된 청구권이다. 그 재산은 생산적 자본을
포함할 수도 있고 그렇지 않을 수도 있다. 한편 여기서 생산적 자본은
잉여가치를 생산하거나 전유할 수도 있고 그렇지 못할 수도 있다. 이

문서화된 청구권을 마르크스는 '의제자본'이라 부른다.

　이러한 관점에서 보면, 금융부문이 과잉생산에 자금을 조달할 수 있고 투기적 거품과 그만큼 비참한 파국을 야기할 수 있다는 것은 놀라운 일이 아니다. 또한 사기의 가능성이 항상 존재한다는 것도 놀라운 일이 아니다. 지난 30년 동안 세계금융과 국민적 금융제도들의 발전은 금융과 산업의 분리와 양자 사이의 힘의 균형이 이동한 것을 극적으로 드러내 보여 줬다. 과대하게 확장되고 과도하게 보상받은 국제금융제도는 실질적 축적을 희생시켜 이익을 누렸으며 지난 10년 동안 심각한 위기들을 경험했다. 《자본론》 제3권에서 마르크스는 IBC의 축적과 그것에 기초한 자산들과 시장들이 실물자본의 축적으로 유효성을 인정받을 수 있는 조건들을 검토한다. 그리고 그는 사전적으로 어떤 해답도 주어질 수 없다고 결론짓는다. 왜냐하면 잉여가치의 생산과 전유에 관한 보장이란 것은 있을 수 없기 때문이다(제7장 참조). 예를 들어 IBC의 소유자가 산업가에게 대출했는데 그가 부패하거나 무능하거나 소심할 수 있으며, 소비자에게 대출했는데 그가 원리금을 갚을 수 없거나 그것을 거부할 수 있다. 어떤 경우든 IBC의 순환이 중단될 수 있으며, 이것은 IBC와 산업자본 양자의 재생산에 중대한 영향을 미친다.

　결론적으로 산업자본과 IBC의 분리는 자본순환들이 혼합한 결과물이고, 실질적 축적과 관련해서는 그 결과들이 사전에 결정돼 있지 않다. 바로 이런 기본적 이유 때문에 금융제도의 작동이나 그것이 실질적 축적과 상호 작용하는 것은 통제될 수 없다. 이때 통제란 주류경제학의 용어로 말하자면 화폐공급을 고정시키거나 그것(또는 그것의 비용)을 실물 경제활동 수준에 연계시키는 것을 의미한다. 이것은 금융제도에 대한 사적 규제나 공적 규제가 통화정책을 포함해서 결과들에 영향을 미칠 수 없다는 것을 의미하지는 않는다. 그러나 규제를 통해 의제자본이 실질적 축적으로 연결될 수 있다는 발상은 오류다. 왜냐하면 의제자본은 실질적 축적을 위해 점점 더 필요하게 되지만, 실질적 축적을 보장할 수는 없기 때문이다. 마찬가지로 금융제도의 본성과 금융제도와 실질적 축적의 상호작용은 추상적 분석을 통해 논리적으로 미리 결정될 수 없다. 오히려 그것들은 장기간에 걸쳐 함께 변화하면서 금융적·산업적 활동의 특정한 구조를 확립하며, 공황의 과정 동안 특정한 결과들을 낳는다.

경제적 범주로서 이자

위의 분석에 근거해 마르크스의 이자이론에 대한 네 가지 특징을 식별할 수 있다. 첫째로 마르크스의 이자이론은 '기술적' 또는 제도적 요소들이나 화폐자본의 공급과 수요에서 출발하기보다는 화폐자본의 통제와 생산자본의 통제가 구조적으로 분리되는 것, 화폐자본가 집단과 산업자본가 집단의 사회적·정치적 힘의 균형에서 출발한다. 이러한 분석적 요소들을 그것들이 각 시점에서 영향력을 갖는 다양한 방식들과 무관하게 배치할 것이 아니라, 더 넓은 사회·역사 이론의 맥락속에서 자리매김해야 한다. 마르크스에게 자본가 계급 내 두 분파의 통합과 그들 사이의 잉여가치 분배는 추상적으로 결정될 수 없다. IBC 소유자들이 벌어들여야 할 '자연'(또는 장기균형) 이자율은 존재하지 않으며, 시장이자율의 실제 수준과 기간 구조는 순수하게 이론적으로 결정될 수 없다.

둘째로, 앞에서 설명한 분리는 산업부문과 IBC부문에서 발생하는 경쟁과정들의 구조적 차이에 반영된다. 산업부문에서는 자본이동, 주식시장 활동, IBC의 이용 가능성 등을 통한 경쟁이 이윤율의 단일화 경향을 낳는다. 그러나 이 과정은 더디고 불균등하다. 왜냐하면 이윤율의 균등화 도정에는 수많은 장애물들이 존재하기 때문이다(제6장 참조). 반면에 IBC 부문 내 경쟁은 이자율의 단일화와 나아가 이 부문에 종사하는 기업들의 수익률 균등화를 향한 강력한 경향을 낳는다. IBC 부문 내부에서 화폐이동의 비상한 속도와 관련한 '상품'의 균일성 때문에, 이 경향들은 산업부문보다 훨씬 더 빠르게 실현된다.

셋째로, 비록 이자는 산업자본에서 추출되는 잉여가치의 차감분이지만, IBC의 수익률은 일반적으로 산업자본의 정상이윤율을 **상회한다**. 왜냐하면 산업자본과 IBC 사이의 이윤율 균등화는 IBC 내부의 경쟁이 산업자본 내부의 부문간 경쟁만큼 치열할 것을 요구하기 때문이다. 그러나 산업자본들 사이의 경쟁은 부분적으로는 더 많은 IBC의 이용 가능성에 의거하는 반면, 은행부문 자체 내에서 이 일이 발생할 수 있는 정도에는 한계가 있다. IBC 부문 내부에서 추가 축적을 위한 화폐자본의 잠재적 원천의 이용가능성은 신용제도를 통해 모든 자본가들에게 체계적으로 균등하게 열려 있지 않다. 왜냐하면 은행들이 (산업부문에서 이동할 의향을 가진 자들을 포함한) 잠재적 경쟁자들에게 자금을 조달해 주기 위해 대출하는 경우는 거의 없기 때문이다. 오히려 은행들은 이용 가능한 자원들을 자신들의 이윤율을 높이는 데 사용할 것이다. 더구나 산업자본과 IBC 사이의 무제한적 이동 가능성은 사회의 유휴 화폐자본에 대한 IBC의 통제를 무력화할 것이다. 달리 말하자면, 일반적으로 산업자본은 IBC부문에 진입해 IBC와 경쟁할 수 없는 반면, IBC는 자신을 포함한 모든 부문에 걸쳐 최고의 수익을 추구할 수 있다. 따라서 IBC는 정상이윤율을 상회하는 수익률을 얻는 경향이 있다. 수익성 차이의 정도와 시간에 따른 그것의 변동은 추상적으로 결정될 수 없음이 분명하다.

넷째로, 이자율의 수준은 '우연적'이다. 그것은 (사회적 필요 노동 시간이라는 상대적으로 추상적인 수준에서든 이윤율 균등화라는 더 구체적인 수준에서든) 가치법칙이 아니라, 일련의 제도적 요인들과 대부 가능한 화폐자본의 수요와 공급으로 결정된다. 그 제도적 요인들에는 산업적 팽창의 리듬, 국제수지와 국가재정, 경제 내 지불구조와 금융서비스들, 금융적 투기의 정도 등이 포함된다. 이러한 광범한 불확정성에도 불구하고 이자의 양은 필연적으로 이윤의 양에 따라 제한된다.

이윤에 대립하는 것으로서 이자에 관한 별개의 이론을 구축할 수 있는 마르크스의 능력은 그의 경제 분석의 두드러진 특징이다. 예를 들어 고전학파 정치경제학에서 이자는 거의 설명되지 않은 채로 도입되는 범주다. 또 이자율은 자의적인 '자연' 이자율을 중심으로 진동하며, 후자에 대해서는 화폐의 수요와 공급 이외의 결정요인이 존재하지 않는다. 마찬가지로 신고전학파 경제학, 특히 피셔 류의 이시점(異時點) 소비·생산 이론에서는 이자율과 이윤율이 개념적으로 동일하며, 균형에서도 양자가 양적으로 동일하다. 심지어 화폐적 요인들이 특별히 도입되는 케인즈주의 경제학에서조차(그리고 케인즈 그 자신의 경우도), 자본의 한계효율로 대표되는 것으로서 이윤율은 이자율과 같도록 설정돼 있다. 비록 단기 예상들이 이자율의 불균형치를 낳을 수 있지만, 케인즈주의 이론의 기저에는 완전고용 자연(또는 균형) 이자율이 존재한다는 관념이 존재한다. 마르크스 이론과의 이와 같은 의미심장한 차이는 케인즈주의 이론이 (승수분석을 위한 경우를 제외하면) 축적을 위한 수요와 소비를 위한 수요, 그리고 축적에 대한 신용과 소비에 대한 신용을 구분하지 못하는 것과 밀접한 관련이 있다.

반면에 마르크스는 이자를 별개로 범주화할 뿐만 아니라 그것을 자신의 경제적 사고의 분석적 구조 속에 배치하고, 자본가 계급 내부의 분명하게 구분되는 두 분파들 사이의 관계에서 이자를 도출한다. 이를 수행할 때 마르크스는 자신이 자본주의 경제에 대해 식별해 낸 추상적 경향들과 구조들에 근거한다. 예를 들면 이윤율이 균등화되고, 신용제도가 축적에서 경쟁 메커니즘이 되고, 화폐가 다른 상품들에서 분리 독립하며, 유휴 축장화폐가 은행제도 속에 집중되는 경향 같은 것들이다. 이러한 추상적 경향들은 IBC에 관한 역사적·경험적 분석과 특정한 사회구성체들의 금융적 구조들(이것들 역시 경험적 분석을 통해 발견돼야 한다) 속에서 작동한다. 이 주제들에 관해 마르크스는 특히 《자본론》 제3권의 영국 금융제도에 관한 연구 속에서 많은 것들을 언급했다. 그러나 이 복잡한 주제는 여기서 다룰 수 없다.

토의주제와 추가 독서 목록

화폐와 금융에 관한 마르크스주의적 연구는 현대 자본주의에서 화폐와 금융이 지니는 중요성에도 불구하고 상대적으로 더디게 발전해 왔다. 금융의 본질과 금융자본과 산업자본의 관계라는 더 근본적 주제 들에 대해서는 (특히 신자유주의라는 역사적 단계에서 전자의 점증하 는 우위를 제외하면) 일반적으로 거의 언급이 없다.

IBC와 이자에 관한 마르크스의 이론은 마르크스(1981b)와 특히 마 르크스(1981a, 5부)에 개괄돼 있다. 이 장은 벤 파인(1985~86)에 기초 했다. 화폐·신용에 관한 마르크스 이론의 서로 다른 측면들을 설명한 저작들로는 쉬잔느 드 브뤼노프(1976, 2003), 던컨 폴리(1986, 7장), 데 이비드 하비(1999, 9~10장), 루돌프 힐퍼딩(1981), 마코토 이토·코스타 스 라파비트사스(1999), 코스타스 라파비트사스(2000a, 2000b, 2003a, 2003b), 코스타스 라파비트사스·알프레도 새드-필호(2000), 로만 로스 돌스키(1977, 20장), 존 윅스(1981, 5장) 등이 있다.

제13장
마르크스의 농업지대이론

마르크스의 지대이론은 두 개의 서로 연관된 중요한 구성요소들을 포함하고 있는데, 차액지대이론과 절대지대이론이다. 마르크스가 지대를 분석하는 기초는 토지의 사적소유가 농업부문의 자본축적에 대한 잠재적 장애요인으로 작용하고, 또 그것이 경제 내에서 생산된 잉여가치의 일부를 포획한다는 데 있다. 이것은 제한된 범위 내에서는 정통파 지대이론에도 동일하게 적용된다(여기서 정통파란 신고전학파나 리카도학파를 말한다. 다만 이하에서 보는 것처럼, 리카도는 지대와 이윤을 분석적으로 구분하려 한 반면, 신고전학파 이론은 정반대다). 정통파 이론에서 생산자는 사적소유권과 자연적 제약이나 기술적 제약들 — 예를 들어 전반적인 토지의 공급에서든, 비옥도나 위치가 좋은 토지의 공급에서든 토지의 부족 — 때문에 지대를 지불한다. 더 정교한 설명들에서는 상이한 토지산출물들에 대한 수요가 또한 고려될 수 있다. 둘 가운데 어느 경우든 지대는 서로 다른 토지들에 자원을 효율적으로 배분함으로써 소비에 봉사하는 측면이 있다.

정통파의 견해에서 두 가지 흥미로운 특성들이 발견된다. 첫째로, 토지소유권 그 자체는 중요하지 않다. 그것은 단순히 누가 지대를 수

취할 것인지를 결정할 뿐, 지대의 수준을 결정하지 않는다. 둘째로, 지대의 수준은 생산(과 수요)의 기술적 조건에 따라 결정된다. 정통파 지대이론의 특성을 강조한 것은 마르크스의 접근법과의 주요한 차이들을 부각하기 위해서다. 마르크스에게 출발점은 토지소유자들이 잉여가치의 일부를 지대의 형태로 전유하는 조건들이다. 이처럼 지대이론은 토지소유와 자본주의적 생산의 관계를 명시하는 것에 의존한다. 토지소유와 자본주의적 생산은 (기술적으로 주어진 것이 아니라) 당연히 역사적으로 특수적이고 가변적이다. 따라서 지대의 일반이론은 존재할 수 없으며, 어떤 경우에서 얻은 결론을 다른 경우들에 기계적으로 적용할 수 없다.

바꿔 말하면, 지대를 단순히 일반적 효과의 기초 위에서, 예컨대 자본주의적 생산에 대한 저해요인이라는 측면에서만 분석할 수는 없다. 만약 그렇다면 '지대'는 자본주의적 투자에 대한 임의의 장애요인의 결과가 될 것이다(이것이 마셜의 단기 준지대 개념의 요체다. 단기적으로 어떤 자본가는 우월한 생산방법으로 일시적 이윤을 얻는다). 이 경우에 금융이나 시장들 그리고 다수의 다른 조건들에 대한 특권적 접근 가능성은 (신고전학파의 '지대추구'이론에서 보는 것처럼) 지대이론과 동등하게 취급돼야 할 것이고, 토지소유권의 사회적 구실에 관한 특수이론은 소실될 것이다. 요컨대 지대는 특수한 역사적 조건들, 특히 생산양식으로서 자본주의가 그것의 축적임무에 대한 장애요인들을 일소하는 경향과 관련지어 검토해야 한다. 왜 그리고 어떻게 토지소유권은 자본축적을 제한하며, 산업자본이 뽑어 올린 잉여가치의 일부를 성공적으로 추출하는가?

이 장은 이 책에서 가장 어려운 장이다. 지대이론이라는 주제를 이 책에 포함시킨 데는 두 가지 이유가 있다. 첫째로, 지대이론은 마르크스 방법론의 한 가지 중요한 적용사례를 상세하게 보여 주며, 그의 가치이론과 상충한다고 알려져 있는 논쟁거리를 직접 대면하게 한다. 둘째로 지대이론은 석유, 광업, 농업발전, 도시재개발 등과 같은 다양한 문제들에 대해 여전히 중요한 함의를 지닌다.

차액지대 1

마르크스의 차액지대(DR)이론은 오직 토지소유가 농업부문 내의 자본 작동에 어떻게 간섭하는가를 검토해야만 이해할 수 있다. 어떻게 해서 경쟁과정이 잉여가치를 지대의 형태로 전유하도록 하는가? 그리고 그것의 함의는 무엇인가? 이 문제를 해결하기 위해서는 잠시 동안 토지에서 별다른 왜곡 효과가 없는 한 부문에서 자본들이 어떻게 서로 경쟁하는가를 검토할 필요가 있다.

제6장과 제8장에서 우리는 동일 부문의 자본들은 주로 자본의 유기적 구성(OCC)을 고도화해서 생산성을 증대함으로써 서로 경쟁한다는 것을 본 바 있다. 이것은 부문 내에서 균일하게 발생하지 않으며, 따라서 자본들 간에 상당한 생산성 격차가 있기 마련이다. 마르크스는 이러한 서로 다른 개별 생산성에서 상품가치가 형성된다고 주장한다. 의미심장하게도 마르크스는 (심지어 노동자들이 경제 전체에 걸쳐 동질적이라고 가정하는 경우에조차) 상품가치가 해당 부문의 평균 노동시간과 같아야 한다고 주장하지 않는다. 예를 들어 가장 유리하거나

가장 불리한 기술이 평균적 기술에 비해 충분히 높은 비중을 차지할 경우, 평균적인 기술이 아니라 문제의 해당 기술이 그 부문의 시장가치를 규정한다. 어느 경우든, 부문 내 평균보다 생산성이 높은 자본들에게는 **초과이윤**이나 **잉여이윤**이 생겨날 것이다.

DR1에 관한 마르크스의 설명은 (수송과 기타 비용은 무시하고) 토지비옥도의 차이 때문에 농업부문에 초과이윤이 존재한다는 사실에서 출발한다. 이것은 통상 리카도의 외연적 한계와 관련 있다. 요컨대 자본은 비옥도가 같은 토지들로 균등하게 흘러갈 수 없는데, 왜냐하면 그 토지들이 항상 이용 가능한 것은 아니기 때문이다. 더 좋은 토지에 접근한 자본들은 토지소유권의 장벽에 부딪치게 되며, 지대형태로 그 초과이윤의 일부를 포기하라고 지주에게 강요받는다. 그 결과 지대가 창출될 뿐만 아니라 농업부문의 시장가치 형성도 왜곡된다. 공업에서 가장 열등한 생산방법들이 [시장가치의 형성을] 지배하는 경우는 오직 그것들이 예외적으로 비중이 클 때뿐이며, 더 생산적인 방법들을 채용하고 있는 자본들은 초과이윤을 획득한다. 이와 대조적으로 농업에서는 토지소유권의 개입 때문에 가장 열등한 생산방법들이 [시장가치의 형성을] 지배할 수 있으며, 더 좋은 (한계적이지 않은) 토지들에 투자한 자본들은 그들의 초과이윤을 DR1의 형태로 지주들에게 양도하도록 요구받을 수도 있다. 리카도에게 이러한 토지재산의 가능한 구실은 토지소유권과 무관하게 현실화돼야만 한다(토지소유권은 그러한 비옥도 차이 때문에 결정되는 지대를 누가 받을 것인지를 결정한다). 반면에 마르크스에게 지대는 토지소유권의 유효한 존재, 그리고 서로 다른 질의 토지들에 부착되는 차별적 잉여들을 전유할 수 있는 토지소유 계급의 능력에 의존한다.

그러므로 농업부문 내에서 수익성 차이가 존재하는 것이 DR1의 존재를 위한 필요조건이긴 하지만 충분조건은 아니다. 이 초과이윤들은 영구적이어야 하며, 나아가 충분히 강력한 지주들이 전유해야 한다. 그렇지 않을 경우 (마셜의 준지대에서처럼) DR1은 경제의 모든 부문에 존재할 뿐만 아니라, (자본이동과 각 부문 내에서 기술혁신의 전파 때문에 경쟁을 통해 사라지는 경향이 있는) 일시적 초과이윤처럼 침식돼 버릴 것이다. 그러나 차별적 자연조건들은 그 자체로는 DR1의 원천이 아니라는 점을 명심해야 한다. 차별적 자연조건들은 생산성의 차이에 기여할 수 있지만, 초과이윤의 범주나 차액지대의 범주를 창출하지는 않는다. 왜냐하면 차액지대(DR)는 자본주의적 생산관계 속에서 자연조건들(과 생산성의 차이들)의 이용과 토지소유권의 개입에 의존하기 때문이다. 다른 말로 표현하면, 지대가 존재하는 것은 초과이윤이 존재하기 때문이 아니라, 그 초과이윤을 (자본가가 아니라) 지주가 전유하기 때문이다.

차액지대 2

마르크스의 DR1 이론은 **상이한** 토지들에 대한 **동일한** 자본 투하를 전제해 구성된다. 이 경우 초과이윤(과 지대)은 토지들의 영구적인 비옥도 차이에서 생겨난다. 두 번째 형태의 차액지대(DR2) 역시 농업부문 내부의 경쟁과 관련돼 있다. 그러나 DR2는 **동일한** 토지들에 대한 **상이한** 자본 투하들에서 생겨나는 일시적 생산성 격차 때문에 창출되는 초과이윤의 전유에 기인한다. 이 경우에 지주들은 개별 토지들에 혁신기술을 도입하고 대규모 생산을 조직함으로써 사회적 진보에서 이익을 얻는다. 그러한 토지소유자들은 추가 잉여들 중 일부를 전유할 수 있다. 농업에서 자본축적이 진행돼 생산성과 잉여가 증대되면서, 토지소유 계급은 잉여 중 더 많은 몫을 전유할 수 있다.

그러나 DR2의 잠재적 기초를 형성하는 초과이윤의 전부가 지주들에게 귀속되지 않을 수도 있다. 또 비정상적인 자본투자 규모가 해당 부문에서 정상적인 것이 돼 감에 따라 초과이윤이 침식될 수도 있다. 어쨌든 DR2는 농업자본가가 조방적이 아니라 집약적으로 투자하고자 하는 유인을 감소시키고 이것은 농업기술의 발전을 저해한다(여기서 조방적 투자란 동일한 기술을 더 많은 토지에 적용하는 것을 말하며, 집약적 투자란 동일한 토지에 더 많은 자본을 투입해 더 좋은 기술을 적용하는 것을 말한다). 바로 이것 때문에 마르크스는 농업이 비록 자본주의적 발전 형태에 절대적으로 저항할 수는 없지만, 공업에 비해 상대적으로 더딘 발전 속도를 노정하는 경향이 있다고 주장한다. 이 점이야말로 마르크스의 DR2이론에서 도출할 수 있는 가장 중요한 결론일 것이다. DR2이론은 지대형태로 잉여가치를 배분하는 것에 관한 정태적 정식화보다는 자본축적의 전개에 대한 장애라는 동태적 요인과 관계가 있다.

만약 DR1과 DR2가 상호 독립적이라면, DR에 관한 분석은 DR1과 DR2를 단순히 합하는 것으로 족할 것이다. 그 경우에 DR1은 [차별적] 토지들을 균등화하는 효과를 가질 것이며, 따라서 서로 다른 자본들의 수익성에서 DR2를 계산할 수 있을 것이다. 또는 DR2는 상이한 자본 투하의 효과들을 균등화할 것이며, 그 결과 토지들 간의 비옥도 차이에서 DR1을 계산할 수 있을 것이다. 그러나 이러한 절차는 올바르지 못하다. 실제로 《자본론》 제3권에서 마르크스는 DR2를 동일한 토지들에 대한 상이한 자본 투하들이라는 순수한 형태로 전혀 다루지 않는다. 그는 항상 DR1이 존재하는 가운데, 즉 토질이 다른 토지들이 존재하는 가운데 DR2를 논한다. 마르크스가 그렇게 하는 이유는 DR2의 존재의 질적 기초를 확립한 후에 그것의 양적 결정을 분석하기 위해서다.

이 장에서 DR1과 DR2는 자본과 비옥도의 배열에 관한 일정한 추상에 기초해 결정돼 왔다. 그것은 설명의 명료함을 위한 것이었을 뿐이고, DR1과 DR2의 상호작용이 단순히 부가적이라는 가정은 없다. 상이한 [비옥도를 지닌] 토지들과 그러한 토지들에 대한 불균등한 자본 투하가 공존하는 경우에는 필연적으로 더 복잡한 분석이 뒤따르게 된다. DR1의 경우, 자본의 불균등한 투하(DR2)가 존재하는 가운데 가장 열등한 토지를 결정해야 하는 문제가 있다. 예를 들어 특정한 토지들은 어떤 수준의 투자에 대해서는 열등하지만 다른 수준의 투자에 대해서는 그렇지 않을 수도 있다. DR2의 경우, 토질이 다른 토지들(DR1)이 존재하는 가운데 정상적인 투자수준을 결정해야 하는 문제가 있다. 일정량의 자본들이 특정 형태의 토지들에 대해서는 정상적이지만, 다른 토지들에 대해서는 다른 양의 자본들이 정상적일 수도 있다. DR2의 경우에는 또 다른 난점이 있다. 추가 투자들의 생산성이 체감함에 따라, 비정상적으로 규모가 큰 자본들은 농산물의 시장가치가 상승하지 않는 한 초과이윤을 얻을 수 없을 것이다. 여기서 시장가치는 토지의 특정 구역의 개별적 생산성에 따라 결정되는 것인지 아니면 그 토지에 투자된 자본의 특정 부분에 따라 결정될 수 있는지 의문이 제기된다. 바꿔 말해서, '정상적 자본'의 규모는 항상 특정 토지에 투하된 총자본을 의미하는가, 아니면 총자본의 일부일 수 있는가? 심지어 정상적 자본이라는 용어 자체도 부적합한 것일 수 있다. 왜냐하면 특정한 토지에 대한 자본투자는 항상 일반적이라기보다는 특수적이기 때문이다.

이 문제들은 농업에서 가장 열등한 토지와 정상적 자본의 동시 결정과 관련이 있다. 양자의 상호작용은 농산물의 시장가치를 낳고, 후자에서 차액지대들을 계산할 수 있다. 공업에서는 이러한 문제가 발생하지 않는다. 왜냐하면 공업에서는 정상적 자본의 결정은 가치의 결정과 동일한 의미를 갖기 때문이다. 이것은 각각 상대방이 없을 때의 DR1과 DR2의 결정에도 적용된다. 순수한 형태의 DR1의 경우(자본 크기가 같은 경우), 가장 열등한 토지의 결정은 가치의 결정과 같은 의미를 갖는다. 다른 한편 순수한 형태의 DR2의 경우(동일한 토지들의 경우), 가치를 결정할 때 전면에 부각되는 것은 정상적 자본의 결정이다.

정상적 자본과 가장 열등한 토지(더 정확히 말하면 정상적 토지인데, 왜냐하면 사용하고 있는 물리적으로 가장 열등한 토지는 가치를 결정하는 토지가 아닐 수도 있으므로)의 동시 결정 문제는 추상적으로 해결될 수 없다. 따라서 DR1과 DR2도 순수하게 이론적으로 결정될 수 없다. 위에서 논의한 것처럼, 그것들은 역사적으로 우연적 조건들, 과거에 농업이 발전해 온 방식, 토지에 대한 자본가들의 접근 가능성과 관련한 농업과 자본축적의 관계(이것은 법률적·금융적·기타 조건들의 영향을 받을 수도 있다)에 의존한다. 더구나 작물과 생산기술의 변화는 토지에 대한 수요를 변화시키고, 따라서 가장 좋은 토지와 가장 나쁜 토지에 대한 정의도 변경시킨다. 요컨대 DR이론은 어떤 결정적인 지대 분석을 특수하게 낳는 것이 아니라, 그것들을 통해 지대가 역사적으로 검토될 수 있는 과정들을 드러낸다.

절대지대

차액지대 형성의 관건이 농업에서 가치의 결정과 초과이윤의 존재라면, 절대지대(AR)의 기초는 시장가치에서 생산가격으로 전형되는 것에 있다(제10장 참조). 이런 의미에서 AR은 DR에서 출발한다. 두 지대형태 모두 토지소유권으로 야기된 자본투자에 대한 장애와 지대형태인 초과이윤의 전유와 관련돼 있다. 그러나 DR과 AR은 다른 분석 수준에 놓여 있고, 따라서 그 원천도 다르다. DR은 농업내부의 생산성 차이에서 유래하는 반면, AR은 농업과 다른 경제부문들의 생산성 차이에서 유래한다.

전적으로 형식적 측면에서 보면 마르크스의 AR이론은 다음과 같다. DR2에 관한 분석에서 설명된 것처럼 토지소유권으로 부과된 장애요인들 때문에, 농업은 공업보다 낮은 OCC를 갖는 경향이 있다. 따라서 농업에 고용된 살아 있는 노동의 비율은 공업보다 높으며, 농업부문은 추가 잉여가치를 생산한다. 지대가 없을 경우에 농업부문의 생산가격은 가치보다 낮을 것이다.

그러나 이것은 전적으로 정태적 설명이다. 동태적 측면에서 볼 때(이하의 상세한 대수학적 설명 참조), 생산가격의 형성은 경쟁과 부문들 사이의 자본이동 가능성에 의존한다. 그러나 자본이 농업부문으로 유입되는 것과 이 부문의 생산가격 형성은 토지소유권 때문에 저지된다. 이러한 장애물 때문에 지주들은 자본이 새로운 토지로 유입되는 것에 대해 AR(또는 자본이 사용 중인 토지로 유입되는 것에 대해서는 DR2)을 부과할 수 있다. 이 부과는 농업상품의 가격을 생산가격 이상으로 상승시킨다. 결국 농업상품은 가치대로 팔리고, 판매가격과 생산가격의 차이는 AR로 포획될 수 있다. 이러한 상황에서 AR이 사라질 조건은 (a) 농업과 공업의 발전 속도가 동일하고 농업부문의 OCC가 사회적 평균과 같으며(또는 더 높고), (b) 모든 토지가 경작되는 경우다(AR은 자본이 새로운 토지로 유입되는 것에 의존하기 때문이다).

문헌들 속에서 마르크스의 AR이론에 관한 별개의 해석이 종종 발견되는데, 거기서 지주들은 자본이 농업으로 유입되는 것을 저지할 수 있기 때문에 지대를 포획한다. 그러나 이러한 해석은 단순한 독점지대로서 AR이론이다. 유사한 사고방식을 토지소유권이 없는 경우, 예컨대 생산과정과 연관된 필수적인 특허가 존재할 경우에도 적용할 수 있을 것이다. 이것은 두 가지 이유 때문에 불충분하다. 첫째로, 이 이론은 잉여가치의 분배에 관한 정태이론이 되기 쉽다. 둘째로, 이러한 해석에서 AR이 존재하기 위한 마르크스의 조건들은 순전히 자의적인 것이 돼 버린다. 이것은 AR이 농업의 낮은 OCC에 의존한다는 점에 대해서도 적용되는데, 공업부문들 사이에서는 지대가 형성되지 않으면서도 OCC들이 서로 다르다는 점을 인식하는 경우에 특히 그렇다. 더구나 농업부문 내부에서조차 AR이 가치와 생산가격의 차이에 한정될 이유가 없다. 만약 AR이 독점지대라면 농업상품들의 시장가격은 높은 가격을 부과할 수 있는 지주들의 능력과 의지에 따라 가치 이상으로 상승할 수 있을 것이다.

그러나 AR이 사라질 조건들에 관한 마르크스의 논의는 정태이론과 무관하다는 것을 시사한다. 위에서 설명한 것처럼, 문제가 되는 것은 공업과 비교한 농업의 발전 속도와 새로운 토지들로 자본아 유입되는 것이다. 물론 이 조건들은 정태적으로 해석될 수도 있다(예를 들어 모든 토지가 대여되고 모든 부문들이 동일한 발전 수준에 있다고 가정할 수도 있다). 그러나 그렇지 않을 경우 사용되는 다른 개념들, 특히 OCC는 마르크스 축적이론의 동학 속에서 해석돼야 한다. 이하에서는 이 과제를 수행하는 속에서 마르크스의 AR이론이 그의 자본분석과 완전히 일관성을 유지하고 있다는 점을 보일 것이다.

OCC의 초기 값이 c/v이고, 그것이 (농업을 포함한) 임의의 부문에서 $b>1$의 비율로 증가할 수 있다고 하자. 이제 노동을 통해 최종재로 전환하는 불변자본의 크기는 c가 아니라 bc가 된다. 농업에서 가치와 생산가격의 차이(d)는 다음과 같다.

$$d=[c+v+s]-[(c+v)(1+r)]=s-(c+v)r$$

여기서 r은 이윤율이다. 기술 변화에 따라 이윤율 r은 $s/(c+v)$에서 $s/(bc+v)$로 바뀐다. 따라서 가치와 생산가격의 차이는 다음과 같다.

$$d=s-[(c+v)s/(bc+v)]=[(bc+v)s-(c+v)s]/(bc+v)$$

$$d=(b-1)cr$$

이 차이는 이윤율에 작동 중인 추가 불변자본의 값을 곱한 것이나 증가한 OCC에서 나오는 초과이윤과 같다. 이 초과이윤은 만약 OCC가 현재 사용되고 있는 토지들에서 증가한다면 DR2로 포획될 것이다. 요컨대 AR은 집약적 경작에서 경쟁적 투자의 가능성에는 영향받지 않지만, 경작이 새로운 토지로 조방적 경작을 확대하기 위한 최대 투입량에 따라 제약된다. 이 크기는 농업에서 가치와 생산가격의 차이와 일치한다.

위에서 마르크스의 지대이론은 그의 자본이론을 토지소유권의 장애에 직면한 축적에 대해 일관성 있게 확대 적용한 것임을 입증했다. 그에게 지대는 농업에서 계급관계의 경제적 형태이고, 그것은 오직 자본과 토지 사이의 관계를 검토하는 것을 통해서만 이해할 수 있다. 지대는 토지소유권의 개입을 통한 잉여가치의 생산과 전유에 의존한다. 차액지대는 농업 내부의 경쟁을 통해 형성되는 초과이윤의 존재에 의존한다. DR1은 '자연적' 조건들에 기인한 생산성 차이에서 비롯되고, 농업에서 동일한 자본들이 상이한 이윤율을 얻는 결과를 가져온다. DR2는 농업에서 불균등한 자본 투하(상이한 자본규모)에 대한 상이한 이윤율에서 비롯된다. 공업에서 초과이윤은 가장 생산적인 자본에 귀속된다. 이와 대조적으로 농업에서는 초과이윤이 지대로 전유될 수도 있다. 마지막으로 AR은 농업의 OCC가 사회적 평균보다 낮기 때문에 발생하는 가치와 생산가격 차이에서 비롯된다.

마르크스의 지대이론은 그의 생산, 축적, 가치와 생산가격 이론에 기초하고 있다. 그런 의미에서 지대이론은 아마도 마르크스가 자본주의 경제에 대한 자신의 이해를 가장 중층적으로 적용한 예일 것이다. 동시에 뒤따른 분석이 토지소유권이 발전해 온 방식과 그것이 자본주의적 발전과 상호 작용하는 방식에 정확히 의존한다는 것을 보여 준다는 점에서, 그의 지대이론은 자신의 한계를 분명하게 드러낸다.

토의주제와 추가 독서 목록

마르크스의 지대이론(더 정확하게는 토지소유권이론) 가운데 가장 논란이 되는 부분은 차액지대이론에서 그가 리카도와 과연 다른지, 다르다면 얼마나 다른지, 절대지대는 독점지대인지, 농업에서 상대적으로 낮은 OCC는 자의적 가정인지(동시에 절대지대는 가치와 가격의 차이로 제한되는지)의 여부 등이다. 그러나 마르크스 이론의 중요성은 지대와 가격에 관한 하나의 결정적 이론을 제시하는 데 있다기보다는 (농업, 석유나 도시재개발의 맥락에서) 토지소유권이 자본축적의 속도와 리듬 그리고 방향에 영향을 미치는 역사적으로 특수한 방식에 관심을 환기시키는 데 있다.

마르크스의 지대이론에 관해서는 특히 칼 마르크스(1969, 1~14장, 1981a, 6부)를 참조하라. 이 장은 벤 파인(1982, 4, 7장과 1986, 1990b)에 기초한 것이다. 유사한 접근으로는 사이러스 비나(1989), 데이비드 하비(1999, 11장), 아이작 루빈(1979, 29장) 등이 있다.

제14장
마르크스주의와 21세기

마르크스주의의 인기와 위신은 지적 유행들과 세계적 사건들의 리듬에 따라 부침을 거듭한다. 이 두 가지 영향들은 전혀 상호 독립적이지 않다. 나아가 마르크스주의의 내용과 강조점이라고 이해되는 것 역시 시간, 장소, 맥락에 따라 변화한다. 그것은 자본주의 비판에서 자본주의에 대한 대안 제시에 이르기까지 다양하다. 전자는 오늘날 소위 세계화 시대에서 전면에 부각되고 있고, 후자는 (과거의) 사회주의 국가들, 그리고 탈식민지 후에 비자본주의적 대안을 구축하려는 투쟁들 속에서 강조된 바 있다. 마르크스주의는 또한 사회과학 전반의 모든 주요 학술 논쟁들에 매우 깊숙이 연루돼 왔으며, 그것의 존재의 비중과 내용은 시간, 주제, 분과에 따라 다양하고 불균등했다.

이 마지막 장의 목표는 현대의 쟁점들을 연구하는 데 마르크스의 정치경제학이 여전히 유효함을 논증하는 것이다. 불가피하게도 이 작업은 암시적일 수밖에 없으며 다루는 범위도 제한될 수밖에 없다. 이 책의 주요부가 마르크스의 정치경제학을 다루었으므로, 이하에서 초점은 '비경제적' 쟁점들에 맞추겠다. 1960년대와 1970년대 마르크스주의의 인기가 정점에 달한 후에 그것에 가해진 주요한 학술적 공격에서 논의를 시작하는 것이 적절할 듯하다. 케인즈주의가 어떻게든 자본주의적 공황 문제를 해결했다는 신비한 관념은 차치하더라도, 마르크스주의는 조악하며 교조주의적이라고 주장하는 것을 통해 반마르크스주의가 번성했다. 특히 두 개의 서로 밀접히 연관된 쟁점들이 전면에 부각됐는데, 하나는 계급의 본질과 관련한 것이고, 다른 하나는 (자본주의) 국가의 본질과 관련한 것이다. 환경과 자본주의의 장래에 대한 관심들 또한 이하에서 검토한다.

계급

계급과 관련해 마르크스주의에 대해 가해진 주된 비판은 그것이 선진자본주의 사회 내부에 존재하는 계급관계들의 복잡성과 다양성을 다룰 능력이 없다는 것이다. 선진자본주의 사회는 후기산업사회, 민주주의사회, 복지사회 등 다양한 이름으로 불린다. 비판은 두 개의 부분으로 나눠지는데, 하나는 계급구조와 관련돼 있고 다른 하나는 그러한 구조의 함의와 관련돼 있다. 비판의 요지를 간단히 말하면 다음과 같다. 마르크스는 부르주아와 프롤레타리아를 너무 조야하게 구분했는데, 이는 부분적으로는 그가 (노동자들의 절대적 궁핍화를 포함해) 계급구조가 점점 더 양극화할 것으로 잘못 예측한 데 기인한다. 또 계급 행동과 이데올로기는 그가 예상하고 제시한 계급구조의 지형에 부합하지 않았는데, 이렇게 예상이 빗나간 것은 특히 노동계급에 대한 마르크스의 혁명적 열망과 관련이 있다. 예를 들면, 어떤 이유 때문에 노동자들은 우익정부에 투표하며, 어떤 이유 때문에 보수주의 정부는 노동대중에 혜택을 주는 개혁을 행하는가? 이 문제들은 뒤에서 다룰 것이다. 방법론의 차원에서는 마르크스 이론의 구조와 그것의 인과론적 내용에 대한 관심들이 존재한다. 예를 들면, 그의 이론은 과도하게 결정론적이고 환원주의적이라고 여겨진다. 즉 그의 이론은 모든 것이 경제적인 것에서 유래한다고 암시하고 있으며, 경제적인 것 그 자체는 일차적으로 생산과 계급관계와 동일시되고 있다.

확실히 많은 마르크스주의자들이 과도한 단순화와 다른 요인들의 배제라는 분석상의 오류를 범해 왔다(부분적으로는 자본주의 미덕으로 너무나 쉽게 예찬되는 '자유', '효율성', '평등'의 오류들을 폭로하려는 시도에서 비롯한 것이지만 말이다). 그러나 이 책에서 설명된 마르크스의 정치경제학과 방법론이, 이러한 결함들을 마르크스 자신의 것으로 돌릴 수 없다는 점을 충분히 입증해 줬기를 바란다. 실제로 마르크스는 그의 방법론이 남용되는 것을 목도하고는 그 자신은 마르크스주의자가 아니라고 선언한 바 있다!

폭을 더 좁혀 말하면, 계급 문제에서 마르크스의 정치경제학은 자본주의 계급구조의 결정적이고 핵심적인 부분, 즉 자본과 노동은 노동력의 구매와 판매를 둘러싸고 필연적으로 서로 대립하지 않을 수 없다는 점을 드러낸다. 나아가 이 책에서 제시된 것처럼, 마르크스의 정치경제학은 축적, 재생산, 불균등발전, 공황 등에 이 계급구조가 미치는 영향들과 관련돼 있다. 따라서 다른 모든 경제적·사회적 현상들을 그러한 분석으로 환원하기는커녕, 마르크스의 정치경제학은 단지 자본주의의 구조, 관계들, 과정들, 결과들에 관한 더 폭넓고, 체계적이고, 더 복잡한 조사를 위한 길을 열어 줄 뿐이다(비록 이것이 매우 그리고 결정적으로 중요하긴 하지만 말이다).

그러므로 마르크스의 정치경제학은 계급구조를 자본과 노동의 구조로 환원하지 않는다. 그와 반대로 다른 계급들이 자본주의 생산 양식에 필수적 부분이나 부차적 부분으로서 자본과 노동에 대한 관계 속에서 배치된다. 예를 들어 자본주의 내부에서 자영업자가 출현하고 '전문가들'이 번영할 여지가 생겨난다. 왜냐하면 그들은 여러 가지 이유로 임금(더 정확히 말하면 봉급)을 받는 경우에도 자신의 노동의 과실을 온전히 보유할 수 있기 때문이다. 형식적으로 이것은, 그러한 계층들이 그들의 노동력 가치 v만큼 보상받는 것이 아니라, 그들의 살아 있는 노동 l=v+s에 대한 완전한 보상을 받는다는 생각으로 표현될 수 있다. 그러나 더 중요한 것은 왜 그러한 계층들과 그들의 관련 활동, 노동조건들을 자본이 전유하지 않는지를 설명하는 일이다.

이에 대해서는 몇 가지 일반적 논거를 제시할 수 있는데, 그 가운데 일부는 구조적인 것들이고 일부는 우연적인 것들이다. 예를 들어 선진자본주의의 전제조건들 중 하나는 정교한 신용·상업 제도인데, 이런 제도 안에서는 다른 사람들을 위해 자금과 상품을 능동적으로 동원하고 배분하는 사람들에게 좋은 보수가 돌아간다. 이것은 자본의 순환(의 모든 측면)과 더 일반적으로는 사회적 재생산을 촉진하고 보호하는 데 필요한 전문직종들의 경우에도 마찬가지다. 다만 후자는 그 비중과 의의가 시간과 장소에 따라 달라지고, 직능조합이 무력해지는 경우에는 프롤레타리아화하기 쉽다. 어쨌든 자영 임시 건설노동자나

하청 청소부와 전문직 의사나 경영컨설턴트 사이에는 커다란 차이가 존재한다.

마지막으로, 계급의 정치경제학에 대한 최대의 도전으로 간주되는 것은 중간계급의 출현이다. 중간계급은 그 구성과 특성에서 매우 다양한 계층이다. 선진자본주의는 공업노동자들의 감소와 서비스 노동자들, 특히 국가에 고용됨으로써 직접적인 상업적 동기와 계산에서 잠재적으로 유리된 사람들의 증가를 경험했다. 요컨대 국가에 고용된 건강, 교육, 여타 부문의 노동자들은 사적 서비스 부문에 고용된 사람들과는 전혀 별개로 자본과 노동으로 구성된 계급구조에 입각한 분석을 손상시키는가?

이러한 방식의 문제제기는 경제적 계급분석 ─ 여기서 노동은 임금에 대한 의존으로 정의된다 ─ 의 적설성이 여전함을 시사한다. 그렇다고 해서 노동계급이 그 자체 내에서 극도로 분화됐음을 부정하려는 것은 아니다. 노동계급은 심지어 경제적 측면에서조차 부문, 기술(육체노동과 정신노동), 노동과정, 공업이나 상업에 고용됐는지의 여부, 공공부문이나 민간부문을 위해서 일하는지의 여부에 따라 다양하게 분화돼 왔다. 그러한 분화는 계급이라는 개념을 무효화시키지 않는다. 그것은 다만 계급 이익과 계급 행동이 계급구조의 직접적 결과로서 항상 존재하는 것은 아니며, 심지어 지배적으로 그렇지도 않다는 점을 부각시킬 뿐이다. 오히려 계급 이익은, 그것들이 계급관계에서 사회적·역사적으로 유래하는 방식에 따라, 반드시 경제적·정치적·이데올로기적으로 형성된다. 따라서 문제는 이 사람이나 저 사람을 개인별 특성에 따라 ─ 육체노동자, 노동조합원, 노동자정당

가입자 등등으로 분류해 ─ 이 계급이나 저 계급에 배속시키는 일이 아니라, 그것이 노동계급을 재생산하고 물질적·이데올로기적 관계들 속에서 대표되는 관계들을 추적하는 일이다. 이러한 견해에서 보면, 경제적 특성들과 다른 사회적 특성들 사이의 일목요연하거나 고정된 대응관계란 있을 수 없으며, 이것들이 서로 완전히 독립적인 경우도 있을 수 없다. 노동계급(즉, 훨씬 더 좁은 하부 범주의 블루칼라 공업노동자들이 아니라 임금소득자들)이 자신의 재생산을 임금에 의존한다는 사실은 심지어 그렇지 않은 것처럼 보이는 경우에도 현대 사회생활의 모든 측면을 조건짓고 있다. 그러나 그 사실이 노동계급을 사회생활의 범위와 내용에서 철의 결정론에 예속시키는 것은 아니다.

국가와 세계화

계급에 관한 이러한 일반적 관찰들은 자본주의 국가에 관한 이론에 대해서도 적용된다. 여기서도 역시 마르크스주의는 희화화된 형태의 비판에 직면해 왔다. 요컨대 마르크스주의 국가이론은 국가가 지배계급, 즉 자본가 계급의 이익에 봉사한다는 단순 명제로 환원된다고 간주돼 왔다. 여기에 대해서는 즉각적으로 비판이 제기되는데, 국가는 때때로 노동 대중을 이롭게 하는 정책들을 (특히 복지개혁을 통해) 수행한다는 것이다. 조야하게 묘사된 마르크스주의는 개혁이라는 것을 혁명을 예방하려는 지배계급의 교활한 책략으로 이해함으로써 자신을 옹호하고 있다고 간주된다. 혁명이 예방되지 않으면 지배계급은 그들을 위해 생산과 전쟁을 수행할 노동계급을 확보할 수 없다.

앞 절에서와 마찬가지로, 역사적 기록은 개혁의 시기와 내용에 대해 그처럼 단순한 동기들을 노정하지 않는다. 뿐만 아니라 건강, 교육, 복지의 제공을 단순히 장단기 노동생산성을 제고하기 위한 수단이라고 설명하는 것도 충분하지 못하다. 마르크스주의에 대한 또 하나의 대중적 억설은 국가를 (자본과 노동 사이가 아니라) 자본가 계급 '내부'의 상충하는 이해관계들을 매개하는 데서 필요불가결한 존재로 보는 견해다. 이 경우에 국가의 주된 기능은 자본가들이 서로 속이지 못하도록 하고, 경쟁 정도가 과도하게 역기능하지 않도록 예방하는 일이다. 국가를 한 계급의 다른 계급에 대한 도구로 보는 이론과 마찬가지로 이 접근법은 국가의 기능과 행동의 복잡성과 다양성을 충분히 설명할 수 없다.

이 경우에 각각의 문제는 국가가 '시장'과 명확하게 분리된 내부적으로 동질적인 제도로 간주되고, 또 쉽게 판별할 수 있는 이해관계에 봉사하는 도구로 인식한다는 점이다. 후자의 경우 이해관계란 노동에 대한 자본의 이해관계일 수도 있고, 개별적 요소들의 파괴적 경향에 대한 총자본의 이해관계일 수도 있으며, 심지어 경쟁대상인 민족들과 자본들에 대한 '민족'의 이해관계일 수도 있다. 그러나 그러한 이해관계들은 그처럼 고도로 추상적이면서도 쉽게 판별할 수 있는 모습으로 항상 존재하지는 않으며 또 그럴 수도 없다. 오히려 계급들과 계급이익들은 경제적·정치적·이데올로기적 행위들을 통해 형성되며, 자본축적과 사회적 재생산의 유형들을 통해 (엄밀하게 결정되지는 않지만) 조건지어진다. 여기서 사회적 재생산이란 고용구조, 작업조건, 노동조합과 여타 형태의 활동들, 가정과 작업장 그리고 여타 장소의 일상적 재생산 등을 포함한다. 계급형성은 다양한 정도와 방식으로 자본축적과 사회적 재생산에 의존한다.

이러한 영역들 각각에서 자본주의 국가는 점점 더 핵심 구실을 수행한다. 자본의 순환은 경제적 활동 영역을 비경제적인 것에서 분리시킨다. 전자는 후자와 구조적으로 분리돼 있지만, 동시에 후자에 의존하고 후자를 지탱한다. 소유관계에 대한 노동자들의 순종과 경제적 불평등과 기타 형태의 불평등에 대한 정당화가 재생산될 필요성은 직접적 가치관계가 재생산될 필요성만큼이나 중요하다. 이처럼 자본주의 국가의 필요성은 주로 그것의 비경제적 기능을 통해 구조적으로 창출된다. 그럼에도 국가는 자본주의의 경제생활에 항상 깊게 그리고 직접적으로 연루돼 있다. 국가는 조세와 지출을 통해 (잉여)가치를 전유하고 분배하고, 축적을 조절하며, 자본이 경기순환을 겪을 때 자본의 구조조정을 수행하고, 통화와 기타 거시경제 정책을 통해 환율을 조정하고, 조세와 소득정책을 통해 분배관계에 영향을 미친다.

불행히도 마르크스주의에서 얻을 수 있는 이러한 결정적으로 중요한 통찰들은 종종 간과돼 왔다. 이것은 심지어 마르크스가 세계화를 예상한 그의 선견지명이나 더 이른 역사적 단계에서 유사한 과정들을 인식한 데 대해 칭찬받는 경우에도 마찬가지다. 확실히 마르크스는 자본주의의 국제적 성격과 가능한 모든 장소에서 부단히 이윤을 추구하는 경향을 강조했다. 이것은 세계화를 국민국가의 소멸로 이해하는 논자들과 친화성을 갖는다. 이들에 따르면 국민국가는 점점 더 국제적으로 유동적인 자본에 견주어 점점 더 약해지고 있다. 자본은 전자상거래를 통한 자금이전처럼 힘들이지 않고 세계를 배회하는 것으로 간주된다.

그러나 자본의 국제화 수준이 그 세 가지 형태(화폐자본·상품자본·생산자본)에서 어느 정도든 간에, 자본주의의 비경제적 재생산은 국민국가의 구실을 불가피하게 요구하며 심지어 강화하기조차 한다. 그렇다고 해서 국민국가의 구실이 일차원적인 상업상의 요구에 순응하라는 압력을 통해 획일화되는 것은 아니다. 어떤 의미에서 이 점은 '세계화'에 적극적으로 반대하고, 그것의 유해한 증좌들이라고 여겨지는 것들을 지적하고 거기에 대한 대안을 제시하는 사람들에게 인식돼 왔다. 자본주의가 단순히 세계화로 이해되고, 세계화에서 자본주의의 모든 사악한 결과들이 쉽게 파악되고 또 원칙적으로 교정될 수 있다고 이해하는 견해들은 한계를 벗어나지 못한다. 어떤 측면에서 어떤 방식으로 이해하든 간에, 세계화는 자본주의의 국제적 재생산의 **효과**로, 따라서 **당대의 정치경제학 법칙이 취하는 형태로 봐야 한다**. 요컨대 세계화 개념을 그것의 정치적·경제적·이데올로기적 측면들에 적용할 때, 세계화에 어떤 의미를 부여하든 간에, 잉여가치의 생산과 전유에 대한 근본적 관심은 분석적으로 유지해야 한다.

자본의 환경

이제 환경 악화 문제를 생각해 보자. 이 문제와 관련해 마르크스주의는 자연적인 것을 희생시켜 사회적인 것을 특권화하고, 개혁의 가능성을 과소평가하며, 심지어 경제적인 것에 대한 과도한 집착 때문에 자연적인 것에 대한 고려를 배제한다고 비난받아 왔다. 오늘날 우리가 환경이라고 부르는 것에 대해 마르크스는 할 말이 많았지만, 그것을 직접 다룬 경우는 드물다. 그러나 마르크스의 상품 물신주의 이론과 노동과정 이론은 가치와 사용가치의 생산처럼, 사회적 요소들과 물질적 요소들에 대한 그의 동시적 강조에 대해 뛰어난 통찰을 제공한다. 이것은 환경에 대한 적절한 접근방법을 제공한다. 환경은 무엇보다 먼저 자본주의를 특징짓는 환경적 관계들(그리고 거기에 상응하는 구조들과 갈등들)과 관련해 이해해야 한다. 이것은 생태학적 체계와 사회적 체계 사이나 환경과 경제 사이의 초역사적 갈등이라는 생각과 대조를 이룬다. 어쨌든 이러한 환경적 관계들은 자본주의적 생산관계를 통해 추동된다. 그리하여 맹목적인 수익성 추구는 자본의 유기적 구성의 상승을 통해 점점 더 많은 원료를 상품으로 전환시키고 그에 상응하는 에너지와 광물의 추출·사용을 야기하지만, 그것들이 환경에 미치는 영향은 직접적으로 고려하지 않는다.

그럼에도 자본주의는 특히 새로운 물질의 개발과 국가 규제를 통해 적어도 부분적으로 그러한 환경 악화를 완화하거나 심지어 역전시킬 수 있다. 이와 관련해 환경의 다면적 성질과 다양한 범위의 논점들과 결과들을 — 공해에서 생명공학, 의약품, 백신, 인공장기에 이르기까지 — 인식할 필요가 있다. 여기서도 다시 한 번 상품 물신주의에서 얻을 수 있는 교훈들이 중요하다. 마르크스는 상품관계들이 일차적으로 그것들이 실제로 존재하는 대로 나타난다고 주장한다. 사회적 관계들은 사물들 사이의 관계로서 그리고 화폐적 수량들로서 표현된다. 명료하지 않은 것은 그 밑에 존재하는 착취적 계급관계와 그것들이 불러일으키는 동학들과 그 원인들이다. 마찬가지로 상품들이 사용가치로서 어떻게 창조됐으며 그 과정에서 환경에 대한 고려는 얼마만큼 이뤄졌는지는 상품의 지리적 원산지, 저임금노동이나 아동노동에 대한 의존 여부처럼 그것들이 판매될 때 강조 사항으로 명시적으로 공개되지 않는 한 명료하게 드러나지 않는다.

상품의 이러한 '숨겨진' 측면들과 상품의 생산·분배·교환 체계가 불가피하게 우리의 주의를 끌고 그것들에 대한 반작용을 야기한다는 것은 놀라운 일이 아니다. 아동노동에 반대하고, 그것의 범위와 빈도를 폭로하며, 생산지점에서 판매지점에 이르기까지 그것에 반대하는 캠페인을 벌이는 투쟁은 결국 인간의 본성과 물질적·문화적 측면에서 그것의 재생산을 향하고 있다. 마찬가지로 환경적 관계들의 재생산은 '지속가능성'이라고 낙관주의적으로 명명되고 있는데, 이것은 필연적으로 자본주의적 상품관계의 일련의 측면들과의 변전하는 대결이다. 이 상품관계들이 존속하는 한, 그것들이 부속돼 있는 생산체제 역시 존속할 것이며, 환경을 전유하고 변형시키는 경향들 또한 그럴 것이다. 설사 규제를 통해 그런 경향들이 완화할 수 있다 하더라도 그러한 규제는 이내 저항에 부딪히거나 경쟁적인 압력들 때문에 회피될 것이다.

사회주의

사회주의란 무엇이며, 사회적·환경적·여타 측면에서 더 좋은 전망을 제공하는가? 20세기의 사회주의 실험들은 그 자체가 마르크스(주의)와 밀접하게 관련돼 있었으며, 대중의 이해 속에서도 마르크스주의 적이라고 여겨져 왔다. 그러나 동유럽 블록이 붕괴하기 훨씬 이전부터 소비에트연방의 성격을 둘러싸고 마르크스주의자들 사이에 오랜 논쟁이 벌어져 왔다. 무비판적 지지에서 (국가)자본주의라는 비난에 이르기까지 다양한 견해들이 제출됐다.

결과적으로 소비에트연방은 상대적으로 짧은 역사적 기간 동안 현저한 전환을 경험했는데, 이것은 마르크스의 원시적 축적 개념을 통해 잘 포착된다. 왜냐하면 일차적으로 반봉건적이고 노동력이 대부분 농업에 종사하고 있던 사회가 임금노동 시장과 (적어도 최근까지) 상대적으로 선진적이고 잘 통합된 공업 기반을 급속히 창출하는 데 성공해 왔기 때문이다. 지난 10년의 기간 동안 우리는 주요한 생산수단에서 사유재산제도와 자본가 계급의 재출현을 통해 이러한 이행이 완성되는 것을 목도했다. 소비에트연방의 낮은 초기 생산력 기반과 전체 역사에 걸쳐 그것이 직면했던 가차 없는 국제적 적의를 감안하면, 그러한 최종 결과는 불가피했다고 일부 논자들은 주장한 바 있다. 그럼에도 그러한 자본주의로 이행하는 속도와 방향 그리고 결과들은 결코 미리 정해져 있지 않다. 중국이 '시장의 힘'을 채택한 것은 똑같이 드라마틱하지만 덜 파괴적이다.

마르크스는 자본주의를 착취체제라고 비판한 것 때문에 잘 알려져 있지만, 그러나 실패한 그리고 아마도 실패 중인 20세기의 사회주의 건설 시도를 고취한 사람으로 더 많이 고려되고 있을 것이다. 그런데도 마르크스가 직접적·배타적으로 사회주의 경제학을 다룬 저작은 거의 없다. 일반적 평판과 달리, 마르크스는 그 주제에 대해 특히 ≪고타

강령비판≫에서는 할 말이 많다. 일반적으로 그는 유토피아적 청사진을 그리는 것보다는 자본주의 자체 내부의 발전에 기초해 입안하고 그것에서 외삽(外揷)하는 것, 즉 두 가지 별도의 그러나 서로 밀접히 관련된 방법들에 따라 진행하는 데 더 관심이 많다.

첫째로, 그는 자본주의가 생활을 점점 더 사회화한다고 본다. 생활의 사회화는 생산(더 일반적으로는 경제)의 조직화와 국가권력을 통해 이뤄지지만, 시장과 사유재산의 사적 성격과 수익성의 강제 때문에 근본적으로 제한된다. 경쟁은 작업현장에서, 그리고 사회전체에서 가일층 복잡한 분업을 통해 자본주의적 생산을 사회화하는 경향이 있다. 여기에 더해, 복지제공, 재분배 그리고 (예컨대 계획이나 산업국유화를 통한) 생산 그 자체에서 국가의 역할이 증대한다. 이 모든 것들은 미래 사회주의의 일정한 경제적·사회적 형태들을 예견한다. 동일한 논리가 국가의 지원을 받(지 않)는 노동자 협동조합의 형성 등에도 적용된다. 하지만 이러한 맹아적 형태들은 불가피하게 내용과 형식에서 제한을 받는다. 또 자본주의 사회 한계 내의 생존, 직간접적인 수익성 강제, 그것이 기초하고 있는 사회경제 체제 등으로도 제한된다. 사회화의 특정 형태들 — 대기업 내부에서 시장을 배제한 생산의 계획화나 금융제도를 통한 화폐의 역할 증대와 심화 — 은 사회주의에 대해 국가를 통한 건강·교육·복지의 제공과는 매우 다른 친화성을 갖는다. 이 측면에서는 '이윤보다 사람이 먼저'라는 구호는 자본주의를 인정하는 속에서 사회주의적 가치를 표현한다. 왜냐하면 여기서 이윤은 그것이 특권화되지 않는 한도 내에서 허용되기 때문이다. 이것은 '재산은 절도다'라는 프루동의 개념에 대한 마르크스의 비판과 잘 어울린다. 왜냐하면 그것은 재산을 비난하면서 동시에 인정하고 있기 때문이다(재산이 없으면 절도도 있을 수 없다).

둘째로, 사회주의에 대한 마르크스의 기대는 자본주의 내부의 모순들에서 나온다. 이는 그 모순들이 맹아적인 사회주의 형태로까지 진전됐는지 여부와 무관하다. 가장 중요한 것은 노동계급이 수행할 혁명적 역할이다. 자본주의는 생산을 위한 노동을 창출, 확대, 강화, 조직하지만, 필연적으로 일하는 다수를 착취하고 그들의 경제적·사회적 열망을 충족시키는 데 실패한다. ≪공산당 선언≫의 인상적인 구절에서 "부르주아가 …… 생산하는 것은, 무엇보다, 자신의 무덤을 파는 사람들이다. 부르주아의 멸망과 프롤레타리아의 승리는 불가피하다."

이상이 사회주의 혁명을 위한 수단이다. 동기는 착취의 다양한 측면들, 자본주의의 특징인 소외와 인간비하 그리고 그것들을 없앨 수 있는 방법에서 나온다. 자본주의에서 노동계급은 노동과정과 생산물에 대한 통제력, 사회의 작동과 발전에 대한 포괄적인 지식과 영향력을 박탈당한다. 노동자들은 또한 그들의 전망과 잠재적 성취에서 심각한 제약을 받으며, 그들의 생활조건은 끊임없이 동요하고, 그들의 운명은 이윤율의 높낮이와 경제 사정에 따라 부단히 변전한다. 이것은 경제적 측면뿐만 아니라 더 중요하게 인간적 측면에서도 지극히 낭비적이다. 이것은 작업장에서 저항과 정치적 대결을 낳는다. 역사적으로 이것은 사회개혁과 반자본주의적 반란을 위한 강력한 자극을 제공해 왔다.

마르크스에게 자본주의의 철폐는 인간사회의 전사(前史)의 종말을 의미한다. 그러나 공산주의로 이행하는 것은 필연적이지도 불가피하지도 않다. 자본주의의 핵심적 사회관계들은 다수가 압도적 압력을 가할 경우에만 변화할 것이다. 그렇지 못할 경우에 자본주의는 그것의 증대하는 환경적·인간적 비용에도 불구하고 무한히 존속할 수도 있다. 그럼에도 사회주의로 이행하는 것은 요구에 따라 마술적으로 완성되는 것이 아니라 오직 단계적으로만 성취될 수 있다. 그것의 첫 단계는 자본주의의 무거운 역사적 잔재의 영향력이 존속하는 것에서 특징지어진다. 마르크스의 주장에 따르면 후기 단계 — 분업과 정신노동과 육체노동의 대립이 극복되고, 개인들의 전방위적 발달을 가능케 할 수 있는 정도로 생산력 수준이 고도화된다 — 에서는 사회주의의 더 높은 단계(공산주의)가 성취될 수 있다. 그가 《고타강령비판》에서 표현했듯이 "각자에게서 그의 능력에 따라, 각자에게 그의 필요에 따라!"

이상의 예측들은 마르크스의 묘비명을 특징짓는 슬로건인 포이어바흐에 관한 11번째 테제와 조응한다. "지금까지 철학자들은 오직 세계를 다양한 방식으로 **해석하기만** 해 왔다. 문제는 그것을 **변화시키는** 것이다." 다른 많은 마르크스의 저작과 마찬가지로, 19세기 사회주의자들에 대한 위의 요구는 인식을 획득하기 위한 수단으로, 동시에 행동하라는 명령으로 해석돼야 한다. 이것은 21세기에도 충분히 유효하다.

토의주제와 추가 독서 목록

마르크스주의 계급 연구들 중 뛰어난 것으로는 제프리 드 생 크루

아(1984)와 엘런 우드(1998) 등이 있다. 최근의 논문 모음집으로는 ≪소셜리스트 레지스터≫(2001)를 참조하라. 마르크스주의 국가이론들은 벤 파인·로렌스 해리스(1979, 6, 9장)가 개관했다. 또 쉬잔느 드 브뤼노프(1978), 폴 캐머크(1989), 사이먼 클락(1991), 밥 제솝(1982), 엘런 우드(1981, 1991, 2003) 등을 참조하라.

자본주의적 '세계화'를 다룬 문헌들은 방대하다. 이 절은 벤 파인(2002, 2장)과 알프레도 새드-필호(2003a)에 기초한 것이다. 또 휴고 라디스(1999, 2000)과 존 윅스(2001)를 참조하라. 다른 부류의 마르크스주의적 연구들은 제국주의를 특별히 언급한다. 예를 들어 앤써니 브루어(1989), 노먼 에데링턴(1984), 에릭 홉스봄(1987)과 ≪먼슬리 리뷰≫ 최근호들을 보라.

환경과 환경위기에 관한 마르크스주의 문헌이 점증하고 있다. 예를 들어 테드 벤튼(1996), 핀 보우링(2003), 폴 버켓(1999, 2003), 존 벨라미 포스터(1999, 2000, 2002), 레스 레비도프(2003) 등을 보라. 저널 ≪자본주의, 자연, 사회주의≫는 방대한 문헌을 포함하고 있다. 또 특집판 ≪자본과 계급≫(72호, 2000)을 참조하라.

사회주의와 공산주의에 관한 마르크스의 언급은 주로 칼 마르크스(1974)와 칼 마르크스·프리드리히 엥겔스(1998) 안에서 볼 수 있다. 또 프리드리히 엥겔스(1998, 3부)를 참조하라. 이 장의 서술은 벤 파인(1983b)에 기초한 것이다. 사회주의에 관한 최근의 논쟁은 파레쉬 사토패디야(2003), 던컨 폴리(1986, 10장), 마이클 레보위츠(2003b), 디미트리 밀로나키스(2003)가 개관했다. 또 마이클 페렐만(2000)과 특집판 ≪과학과 사회≫(66 : 1, 2002), ≪소셜리스트 레지

스터≫(2000)를 참조하라. 소비에트의 경험은 크리스 아더(2002, 10
장), 파레쉬 사토패디야(1994), 사이먼 클락(2003) 등이 각각 다른 관
점에서 비판적으로 논의하고 있다. 저널 ≪비평≫은 이 주제에 관한
많은 문헌을 출간한 바 있다.

참고문헌

마르크스의 많은 저작들이 인터넷상에서 무료로 이용 가능하다. 예를 들어, the Marxists Internet Archive 〈http://www.marxists.org/〉, the MarX-Files 〈http://www.prestat.appstate.edu/~stanovshydj/marxjiles.html〉, 그리고 the Akamac homepage 〈http://www.cpm.ll.ehime-u.ac.jp/AkamacHomepage/Akamac_E-text_Links/Akamac_E-text_Links.html〉 등을 참조하라.

Arthur, C.(2001) 'Value, Labour and Negativity', *Capital and Class* 73, pp. 15~39.

Arthur, C.(2002) *The New Dialectic and Marx's 'Capital'*, Leiden : Brill Academic Publishers.

Arthur, C. and Reuten, G.(eds)(1998) *The Circulation of Capital : Essays on Volume Two of 'Capital'*. London : Macmillan.

Ashton, T. H. and Philpin, C. H. E.(eds)(1985) *The Brenner Debate : Agrarian Class Structure and Economic Development in Pre-Industrial Class Structure and Economic Develpoment in Pre-Industrial Europe*. Cambridge : Cambridge University Press.[국역 : ≪농업계급구조와 경제발전≫, 집문당]

Benton, T.(ed.)(1996) *The Greening of Marxism*. London : The Guilford Press.

Bina, C.(1989) 'Some Controversies in the Development of Rent Theory : The Nature of Oil Rent', *Capital and Class* 39, pp. 82~112.

Bleaney, M.(1976) *Underconsumption Theories : A History and Critical Analysis* London : Lawrence & Wishart.

Bottomore, T.(ed.)(1991) *A Dictionary of Marxist Thought.* Oxford : Basil Blackwell.

Bowring, F.(2003) 'Manufacturing Scarcity : Food Biotechnology and the Life-Sciences Industry', *Capital and Class* 79, pp.107~44.

Brenner, R.(1986) 'The Social Basis of Economic Development', in J. Roemer(ed.) *Analytical Marxism.* Cambridge : Cambridge University Press

Brenner, R.(1998) 'The Economics of Global Turbulence', *New Left Review* 229, pp.1~265.

Brenner, R.(2002) *The Boom and the Bubble : The U.S. in the World Economy.* London : Verso.[국역: ≪붐 앤 버블≫, 아침이슬]

Brewer, A.(1989) *Marxist Theories of Imperialism : A Critical Survey.* London : Routledge

Brighton Labour Process Group(1977) 'The Capitalist Labour Process', *Capital and Class* Ⅰ, pp. 3~26

Brunhoff, S. de(1976) *Marx on Money.* New York : Urizen Books.

Brunhoff, S. de(1978) *The State, Capital and Economic Policy* London : Pluto Press.[국역 : ≪국가와 자본≫, 새길]

Brunhoff, S. de(2003) 'Financial and Industrial Capital : A New Class Coalition', in A. Saad-Filho (ed.) *Anti-Capitalism : A Marxist Introduction.* London : Pluto Press.

Burkett, P.(1999) *Markx and Nature : A Red and Green Perspective.* New York : St Martin's Press.

Burkett, P.(2003) 'Capitalism, Nature and the Class Struggle', in A Saad-Filho (ed.) *Anti-Capitalism : A Marxist Introduction.* London: Pluto Press.

Byres, T.(1996) *Capitalism from Above and Capitalism from Below.* London : Macmillan.

Cammack, P.(1989) 'Bringing the State Back In?' *British Journal of Political Science* 19 (2), pp. 261~90.

Chattopadhyay, P.(1994) *The Marxian Concept of Capital and The Soviet Experience : Essay in the Critique of Political Economy.* Westport, Conn.: Praeger.

Chattopadhyay, P.(2003) 'Towards a Society of Free and Associated Individuals : Communism', in A. Saad-Filho (ed.) *Anti-Capitalism : A Marxist Introduction.* London : Pluto Press

Clarke, S.(ed.)(1991) *The State Debate.* London : CSE/Macmillan.

Clarke, S.(1994) *Marx's Theory of Crisis.* London : Macmillan.

Clarke, S.(2003.) 'Globalisation and the Subsumption of the Soviet Mode of Production under Capital', in A. Saad-Filho (ed.) *Anti-Capitalism : A Marxist Introduction.* London : Pluto Press.

Dumenil, G.(1980) *De la Valeur aux Prix de Production.* Paris : Economica.

Elson, D.(1979) 'The Value Theory of Labour', *in Value, The Representation of Labour in Capitalism.* London : CSE Books.

Engels, F.(1998) *Anti-Dühring,* in K. Mark and F. Engels, *Classics in Politics* (CD-Rom). London : The Electric Book Company.[국역 : ≪반듀링론≫, 새길]

Etherington, N.(1984) *Theories of Imperialism : War, Conquest and Capital.* London : Croom Helm.

Fine, B.(1980) *Economic Theory and Ideology.* London : Edward Arnold.

Fine, B.(1982) *Theories of the Capitalist Economy.* London : Edward Arnold.

Fine, B.(1983a) 'A Dissenting Note on the Transformation Problem', *Economy and Society* 12 (4), pp. 520~25.

Fine, B.(1983b) 'Marx on Economic Relations under Socialism', in B. Matthews (ed.) *Marx : A Hundred Years On.* London : Lawrence & Wishart.

Fine, B.(1985~86) 'Banking Capital and the Theory of Interest', *Science and Society* 49 (4), pp. 387~413.

Fine, B.(ed.)(1986) *The Value Dimension, Marx versus Ricardo and Sraffa.* London : Routledge and Kegan Paul.

Fine, B.(1988) 'From Capital in Production to Capital in Exchange', *Science and Society* 52 (3), pp.326~37.

Fine, B.(1990a) 'On the Composition of Capital, A Comment on Groll and Orzech', *History of Political Economy* 22 (1), pp. 149~55.

Fine, B.(1990b) *The Coal Question : Political Economy and Industrial Change from the Nineteenth Century to the Present Day.* London : Routledge.

Fine, B.(1992a) 'On the Falling Rate of Profit', in G.A. Caravale (ed.) *Marx and Modern Economic Analysis.* Aldershot : Edward Elgar.

Fine, B.(1992b) *Women's Employment and the Capitalist Family.* London : Routledge.

Fine, B.(1998) *Labour Market Theory : A Constructive Reassessment*. London : Routledge.

Fine, B.(2001a) 'The Continuing Imperative of Value Theory', *Capital and Class* 75, pp. 41~52.

Fine, B.(2001b) *Social Capital versus Social Theory*. London : Routledge.

Fine, B.(2002) The World of Consumption : *The Material and Cultural Revisited* (2nd edn). London : Routledge.

Fine, B.(2003) 'Contesting Labour Markets', in A. saad-Filho (ed.) *Anti-Capitalism : A Marxist Introduction*. London : Pluto Press.

Fine, B. and Harris, L.(1979) *Rereading Capital*. London : Macmillan. [국역 : ≪현대 정치경제학 입문≫, 한울]

Fine, B., Heasman, M. and Wright, J.(1996) *Consumption in the age of Affluence*. London : Routledge.

Fine, B. and Leopold, E.(1993) *The World of Consumption*. London : Routledge.

Fine, B., Lapavitsas, C. and Milonakis, D.(1999) 'Addressing the World Economy : Two Steps Bach', *Capital and Class* 67, pp. 47~90.

Fine, B., Lapavitsas, C. and saad-Filho, A.(2004) 'Transforming the Transformation Problem : Why the "New Interpretation" is a Wrong Turning', *Review of radical Political Economics,* forthcoming.

Foley, D.(1982) 'The Value of Money, the Value of Labour Power and the Marxian Transformation Problem', *Review of Radical Political Economics* 14 (2), pp. 37~47.

Foley, D.(1986) *Understanding Capital, Marx's Economic Theory*. Cambridge, Mass. : Harvard University Press.

Foley, D.(2000) 'Recent Developments in the Labor Theory of Value', *Review of Radical Political Economics* 32 (1), pp. 1~39

Foster, J. B.(1999) *The Vulnerable Planet.* New York : Monthly Review Press.

Foster, J. B.(2000) *Marx's Ecology.* New York : Monthly Review Press.

Foster, J. B.(2002) *Ecology Against Capitalism.* New York : Monthly Review Press.

Guerrero, D.(2003) 'Capitalist Competition and the Distribution of Profits', in A. Saad-Filho (ed.) *Anti-Capitalism : A Marxist Introduction.* London : Pluto Press.

Harvey, D.(1999) *The Limits to Capital.* London : Verso.[국역 : ≪자본의 한계≫, 한울]

Hilferding, R.(1981) *Finance Capital.* London : Routledge and Kegan Paul. [국역 : ≪금융자본≫, 새널]

Hilton, R.(1976) *The Transition from Feudalism to Capitalism.* London : New Left Books.[국역 : ≪봉건제도에서 자본주의로의 전환≫, 법문사]

Hobsbawm, E.(1987) *Age of Empire.* London : Weidenfeld and Nicolson. [국역 : ≪제국의 시대≫, 한길사]

Howard, M.C. and King, J. E.(1989, 1991) *A History of Marxian Economics,* 2Vols. London : Macmillan.

Howard, M.C. and King, J. E.(1990) 'The "Second Slump" : Marxian Theories of Crisis after 1973', *Review of Political Economy* 2 (3), pp. 267~91.

Itoh, M. and Lapavitsas, C.(1999) *Political Economy of Money and Finance.* London : Macmillan.

Jessop, B.(1982) *The Capitalist State : Marxist Theories and Methods*. Oxford : Robertson.

Lapavitsas, C.(2000a) 'Money and the Analysis of Capitalism : The Significance of Commodity Money', *Review of Radical Political Economics* 32(4), pp. 631~56

Lapavitsas, C.(2000b) 'On Marx's Analysis of Money Hoarding in the Turn-over of Capital', *Review of Political Economy* 12 (2), pp.219~35.

Lapavitsas, C.(2003a) 'Money as Money and Money as Capital in a Capitalist Economy', in A. Saad-Filho (ed.) *Anti-Capitalism : A Marxist Introduction*. London : Pluto Press.

Lapavitsas, C. and Saad-Filho, A.(2000) 'The Supply of Credit Money and Capital Accumulation : A Critical View of Post-Keynesian Analysis', *Research in Political Economy* 18, pp.309~34.

Lapides, K.(1998) *Marx's Wage Theory in Historical Perspective*. Westport, Conn. : Praeger.

Lebowitz, M.(2003a) *Beyond 'Capital' : Marx's Political Economy of the Working Class*(2nd edn). London : Palgrave.[국역: ≪자본론을 넘어서≫, 백의]

Lebowitz, M.(2003b) 'Transcending Capitalism : The Adequacy of Marx's Recipe', in A. Saad-Filho (ed.) *Anti-Capitalism : A Marxist Introduction*. London : Pluto Press.

Lenin, V. I.(1972) *The Development of Capitalism in Russia,* Collected Works, Vol. 3 London : Lawrence & Wishart.[국역: ≪러시아에 있어서 자본주의의 발전≫, 태백]

Levidow, L.(2003), 'Technological Change as Class Struggle', in A Saad-

Filho (ed.) *Anti-Capitalism : A Marxist Introduction.* London : Pluto Press.

Levidow, L. and Young, B.(1981,1985) *Science, Technology and the Labour Process, Marxist Studies,* 2 Vols. London : Free Association Books.

Marglin, S.(1974) 'What Do Bosses Do?', *Review of Radical Political Economics* 6(2), pp. 60~112.

Marx, K.(1960, 1972, 1978a)*Theories of Surplus Value,* 3 Vols. London : Lawrence & Wishart.[국역 : ≪잉여가치학설사≫, 백의]

Marx, K.(1974) 'Critique of the Gotha Programme', in *The First International and After.* Harmondsworth : Penguin.

Marx, K.(1976,1978b,1981a) *Capital,* 3 Vols. Harmondsworth : Penguin.[국역 : ≪자본론≫, 비봉출판사]

Marx, K.(1981b) *Grundrisse.* Harmondsworth : Penguin.[국역 : ≪정치경제학 비판 요강≫, 백의]

Marx, K.(1987)*A Contribution to the Critique of Political Economy,* Collected Works, Vol. 29. London : Lawrence & Wishart.

Marx, K.(1998) *Value, Price and Profit,* in K. Marx and F. Engels, *Classics in Politics* (CD-Rom). London : The Electric Book Company.

Marx, K. and Engels, F.(1998) *The Communist Manifesto,* in K. Marx and F. Engels, *Classics in Politics* (CD-Rom). London : The Electric Book Company.[국역 : ≪공산주의 선언≫, 박종철출판사]

McLellan, D.(1974) *Karl Marx : His Life and Thought.* London : Macmillan.

Medio, A.(1977) 'Neoclassicals, Neo-Ricardians, and Marx', in J. Schwartz (ed.) *The Subtle Anatomy of Capitalism.* Santa Monica : Goodyear.

Milonakis, D.(2003) 'New Market Socialism : A Case for Rejuvenation or Inspired Alchemy?', *Cambridge Journal of Economics* 27, pp. 97~121.

Mohun, S.(ed.)(1995) *Debates in Value Theory*. London : Macmillan.

Mohun, S.(2003) 'Does All Labour Create Value?', in A. Saad-Filho (ed.) *Anti-Capitalism : A Marxist Introduction*. London : Pluto Press.

Moseley, F.(ed.) (1993) *Marx's Method in 'Capital', A Reexamination*. Atlantic Highlands, N.J. : Humanities Press.

Oakley, A.(1983) *The Making of Marx's Critical Theory*. London : Routledge and Kegan Paul.

Oakley, A.(1984, 1985) *Marx's Critique of Political Economy. Intellectual Sources and Evolution,* 2 Vols. London : Routledge and Kegan Paul.

Okishio, N.(1961) 'Technical Change and the Rate of Profit', *Kobe University Economic Review* 7, pp. 85~99.

Okishio, N.(2000) 'Competition and Production Prices', *Cambridge Journal of Economics* 25, pp. 493~501.

Perelman, M.(1987) *Marx's Crises Theory: Scarcity, Labor, and Finance*. Westport, Conn. : Praeger.

Perelman, M.(2000) *Transcending the Economy : On the Potential of Passionate Labour and the Water of the Market.* New York : St Martin's Press.

Perelman, M.(2003) 'The History of Capitalism', in A. Saad-Filho(ed.) *Anti-Capitalism : A Marxist Introduction*. London : Pluto Press.

Pilling, G.(1980) *Marx's Capital : Philosophy and Political Economy*. London : Routledge and Kegan Paul.

Postone, M.(1993) *Time, Labour and Social Domination, A Reexamination of Marx's Critical Theory.* Cambridge : Cambridge University Press.

Radice, H.(1999) 'Taking Globalisation Seriously', *Socialist Register*, pp. 1~28.

Radice, H.(2000) 'Globalization and National Capitalism : Theorizing Convertgence and Differeniation', *Review of International Political Economy* 7 (4), pp. 719~42.

Reuten, G.(1997) 'The Notion of Tendency in Marx's 1894 Law of Profit', in F. Moseley and M. Campbell (eds) *New Investigations of Marx's Method.* Atlantic Highlands, N.J. : Humanities Press.

Rosdolsky, R.(1997) *The Making of Marx's 'Capital'.* London : pluto Press. [국역 : ≪마르크스의 자본론의 형성≫, 백의]

Rosenthal, J.(1997) *The Myth of Dialectics : Reinterpreting the Marx-Hegel Relation.* London : Macmillan.

Rowhorn, B.(1980) *Capitalism, Conflict and Inflation.* London : Lawrence & Wishart.

Rubin, I.I.(1975) *Essays on Marx's Theory of Value.* Montreal : Black Rose Books.[국역 : ≪마르크스의 가치론≫, 이론과 실천]

Rubin, I.I.(1979) *A History of Economic Thought.* London : Pluto Press.[국역 : ≪경제사상사 I ≫, 지평]

Saad-Filho, A.(1993) 'A Note on Marx's Analysis of the Composition of Capital', *Capital and Class* 50, pp. 127~46

Saad-Filho, A.(1996) 'The Value of Money, the Value of Labour Power and the Net Product: An Appraisal of the "New Soultion" to the Transformation Problem', in A. Freeman and G. Carchedi (eds) *Marx and Non-Equilibrium Economy* 9 (4), pp. 457~77.

Saad-Filho, A.(1997a) 'Concrete and Abstract Labor in Marx's Theory of Value', *Review of political Economy* 9 (4), pp. 457~77.

Saad-Filho, A.(1997b) 'An Alternative Reading of the Transformation of Values into Prices of Production', *Capital and Class* 63, pp. 115~36.

Saad-Filho, A.(2001) 'Capital Accumulation and the Composition of Capital', *Research in Political Economy* 19, pp. 69~85.

Saad-Filho, A.(2002) *The Value of Marx : Political Economy for Contemporary Capitalism.* London : Routledge.

Saad-Filho, A(2003a) 'Introduction', in A. Saad-Filho (sd.) *Anti-Capitalism : A Marxist Introdution.* London : Plouto Press.

Saad-Filho, A.(2003b) 'Value, Capital and Exploitation', in A. Saad-Filho (ed.) *Anti-Capitalism : A Marxist Introdution.* London : Plouto Press.

Savran, S. and Tonak, A.(1999) 'Productive and Unproductive Labour : an Attempt at Clarification and Classification', *Capital and Class,* 68, pp. 113~52

Schwartz, J.(ed.)(1977) *The Subtle Anatomy of Capitalism.* Santa Monica : Goodyear.

Scott, S.(1999) 'Thought and Social Struggle : A History of Dialectics' PhD Thesis, University of Bradford.

Shaikh, A.(1978) 'A History of Crisis Theories'. in URPE (ed.) *US Capitalism in Crisis.* New York : URPE.

Shaikh, A.(1981) 'The Poverty of Algebra', in I. Steedman (ed.) *The Value Controversy.* London : Verso.

Shaikh, A.(1982) 'Neo-Ricardian Economics, a Wealth of Algebra, a Poverty of Theory', *Review of Radical Political Economics* 14 (2), pp. 67~83.

Slater, P.(ed.)(1980) *Outlines of a Critique of Technology.* Atlantic Highlands, N. J. : Humanities Press.

Smith, T.(1990) *The Logic of Marx's 'capital', Reply to Hegelian Criticisms.* Albany : State of New York Press.

Ste. Croix, G. de(1984) 'Class in Marx's Conception of History, Ancient and Moden', *New Left Review* 146, pp. 94~111.

Steedman, I.(1977) *Marx after Sraffa.* London : New Left Books.

Steedman, I.(2002) 'Addressing Technological Change : The Challenge to Social Theory', *Current Sociology* 50(3), pp. 347~64.

Weeks, J.(1981) *Capital and Exploitation.* Princeton : Princeton University Press.

Week, J.(1982a) 'Equilibrium, Uneven Development and the Tendency of the Rate of Profit to Fall', *Capital and Class* 16, pp. 62~77.

Weeks, J.(1982) 'A Note on Underconsumptionist Theory and the Labor Theory of Value', *Science and Society* 46 (1), pp 60~76.

Weeks, J.(1983) 'On the Issue of Capitalist Circulation and the Concepts Appropriate to Its Analysis', *Science and Society* 48 (2), pp. 214~25.

Weeks, J.(1985~86) 'Epochs of Capitalism and the Progressiveness of Capital's Expansion', *Science and Society* 49 (4), pp. 414~35.

Weeks, J.(1990) 'Abstract Labor and Commodity Production', *Research in Political Economy* 12, pp. 3~19.

Weeks, J.(2001) 'The Expansion of Capital and Uneven Development on a World Scale', *Capital and Class* 74, pp. 9~30.

Wheen, F.(2000) *Karl Marx.* London : Fourth Estate.

Wood, E. M.(1981) 'The Separation of the Economic and the Political in

Capitalism, *New Left Review* 127, May-June, pp. 66~95.

Wood, E. M.(1984) 'Marxism and the Course of History', *New Left Review* 147, pp. 95~107

Wood, E. M.(1991) *The Pristine Culture of Capitalism*, London : Verso.

Wood, E. M.(1998) *The Retreat from Class : A New 'True' Socialism*, London : Verso.[국역 : ≪계급으로부터의 후퇴≫, 창비]

Wood, E. M.(2002) *The Origin of Capitalism : A Longer View*, London : Verso.

Wood, E. M.(2003) 'Globalisation and the State : Where Is the Power of Capital?', in A. Saad-Filho (ed.) *Anti-Capitalism : A Marxist Introduction*, London : Pluto Press.

옮긴이 후기

이 책은 벤 파인과 알프레도 새드-필호가 함께 쓴 *Marx's Capital* 제4판을 번역한 것이다. 이 책의 초판부터 제3판까지는 벤 파인이 혼자 썼으며 이번 판본부터 새드-필호가 공동 저자로 참여했다. 옮긴이는 1985년에 이 책의 초판을 번역한 바 있는데 ≪정치경제학기초≫라는 제목으로 한울출판사에서 간행됐었다. 당시에는 ≪자본론≫이 금서로 묶여 있었기 때문에 마르크스나 자본론이라는 단어를 제목에서 피했으며 옮긴이의 이름도 가명을 사용했었다. ≪자본론≫이 금서 목록에서 해제된 후 초판 번역본의 쇄본이 거듭됨에 따라 한울출판사에서는 ≪요점자본론 : 정치경제학 기초≫라고 책 제목을 바꿨다. 이번 책갈피 출판사의 제4판 번역본에서는 ≪마르크스의 자본론≫이란 원제목을 사용하기로 했다. 이런저런 곡절 끝에 번역본이 이제야 원제목을 찾게 된 셈이다.

책갈피 출판사로부터 제4판의 번역을 제의받고 나서 옮긴이는 상당히 망설이지 않을 수 없었다. 마르크스 이론의 위신이 예전 같지 않다는 객관적 상황과, 옮긴이 자신의 마르크스에 대한 생각이 초판을 번역할 때와는 많이 달라졌다는 주관적 상황 때문이었다.

그러나 막상 제4판을 읽어 보니 완전히 고쳐 쓴 것으로 저자들의 사유의 폭과 깊이의 진전을 확연히 느낄 수 있을 정도였다. 서술이 이전처럼 간결하고 정연하면서도 내용은 이전보다 훨씬 더 심오해지고 풍부해졌다. 따라서 마르크스의 이론에 대한 논란에도 불구하고 저자들의 사유의 폭과 깊이를 소개하는 것만으로도 충분한 가치가 있는 일이라는 결론을 내리게 됐다. 저자들이 지닌 정도의 식견과 내공을 실은 마르크스 해설이라면 이미 죽은 이론을 다시 꺼내 만지작거리는 쓸모없는 유희는 결코 아니리라.

이 책은 기본적으로 마르크스의 《자본론》의 이론 체계에 대한 간결한 해설서이지만 다른 한편 (옮긴이는 이것이 더 중요하다고 생각하는데) 마르크스의 이론을 오늘날의 자본주의 현실 분석에 적용함에 있어서 가능성과 한계를 획정하려는 저자들의 진지한 노력의 결실이기도 하다. 눈 밝은 독자라면 아마도 현대 자본주의 사회를 이해하고 분석하는 데 필요한 이론적 영감이나 지침을 발견할 수도 있을 것이다.

저자들을 직접 만나 한국어판 서문을 받아 번역해 주시고 추천사를 써 주신 김수행 교수님, 그리고 오랜 기간 번역이 지체됐는데도 참고 기다려 주시고 문장을 바로잡아 좋은 판형으로 책을 만들어 주신 책갈피 출판사 관계자들에게 감사드린다.

2006년 7월

박관석

찾아보기

물신주의: 상품 — 48~50, 52, 208, 상품
　　— 이론 208, 종교적 — 49~51
물화 이론 50
밀, 존 스튜어트(Mill, John Stuart) 142
밀로나키스, 디미트리(Milonakis, Dimit-
　　ris) 127, 214

ㅂ

바이어, 테리(Byres, Terry) 112
반대 경향들(CTs) 138, 141, 142, 143,
　　144, 145, 148, 149, 153, 154
반자본주의 212 : — 대중운동 33
방법론 23, 27, 39, 45, 51, 52, 95, 201
　　: — 연구 30, 마르크스 — 26~30,
　　32, 35, 88, 187, 201
버켓, 폴(Burkett, Paul) 214
벤튼, 테드(Benton, Ted) 214
변증법 24, 26, 27, 29, 35, 139, 151
보우링, 핀(Bowring, Fin) 214
보토모어, 톰(Bottomore, Tom) 35
봉건제 28, 31, 33, 41, 49, 64, 105, 112
부르주아 31, 49, 200, 212
부불노동 161
분배 33, 34, 41, 43, 45, 75, 78, 80, 83,
　　92, 110, 127, 155, 156, 161, 167,
　　169, 179, 194, 206, 209 : — 관계 39,
　　47, 91~93, 155, 206, — 이론 80, 재
　　— 211

분업 68, 167, 211, 213 : 노동 — 38, 42
불균등발전 203 : — 경향 124
불변자본 64, 65, 85, 122, 131, 133, 144,
　　152, 156, 195, 196
불비례 90, 119, 120, 122, 145
브라이튼 레이버 프로세스 그룹 73
브레너, 로버트(Brenner, Robert) 112,
　　127
브루어, 앤써니(Brewer, Anthony) 214
브뤼노프, 쉬잔느 드(Brunhoff, Suzanne
　　de) 183, 213
블리니, 마이클(Bleaney, Michael) 127
비나, 사이러스(Bina, Cyrus) 197
비생산적 노동 71, 72, 74, 75 : — 자 72
≪비평≫ 214
빈곤 24, 51, 124, 125

ㅅ

사브란, 선구르(Savran, Sungur) 74
사용가치 38~46, 48, 55, 56, 58, 61, 62,
　　77, 80, 89, 93, 108, 109, 116, 122,
　　130, 161, 173, 208, 209 : 사회적 —
　　43, 44
사유재산 211 : — 제도 210
사토패디야, 파레쉬(Chattopadhyay, Par-
　　esh) 113, 214
사회관계 30, 33, 41, 45, 78 : 자본주의
　　적 — 140, 213

투기 56, 81, 93, 118~121, 126, 145, 176, 178, 181 : —자 56

투자 78, 85, 109, 118, 119, 122, 126, 145, 147, 155, 177, 186, 188, 190~192, 196 : 자본 — 190, 192, 193, 재 — 100, 111, 조방적 — 190, 집약적 — 190

ㅍ

파인, 벤(Fine, Ben) 35, 53, 73, 74, 84, 97, 113, 127, 135, 154, 163, 171, 183, 197, 213, 214

페렐만, 마이클(Perelman, Michael) 112, 127, 214

포스터, 존 벨라미(Foster, John Bellamy) 214

포스톤, 모세(Postone, Moishe) 54

포이어바흐 루트비히(Feuerbach, Ludwig) 25, 26, 213

≪포이어바흐에 관한 테제≫ 31

폴리, 던컨(Foley, Duncan) 35, 53, 54, 73, 127, 154, 163, 171, 183, 214

프랑스혁명 31

프롤레타리아 102, 111, 123, 125, 126, 200, 212 : — 화 202

프루동, 피에르-조제프(Proudhon, Pierre -Joseph) 211

필링, 제프리(Pilling, Geoffrey) 53

필핀, 찰스(Philpin, Charles) 112

ㅎ

하비, 데이비드(Harvey, David) 53, 73, 83, 113, 127, 183, 197

하워드, 마이클(Howard, Michael) 35

한계생산성 이론 63

한계효율 182

해리스, 로렌스(Harris, Laurence) 74, 127, 135, 154, 213

헤겔(Hegel, G W Friedrich) 23, 24, 26, 29

헤겔주의자 24 : 노년파 — 24, 청년 — 29, 청년파 — 24, 25

홉스봄, 에릭(Hobsbawm, Eric) 214

화폐 : — 공급 178, — 교환 34, — 량 90, 160, — 소득 119, — 순환 76, 80~82 ,— 이동 180, — 제도 96

화폐자본 76, 78~80, 119, 173, 174, 176, 179~181, 207 : — 가 173, 174, 179

화폐취급자본(MDC) 167, 176, 177

환경 50, 200, 208, 209, 213, 214 : — 악화 207, 208, — 파괴 51, — 위기 214

후기케인즈주의 90 : — 경제학 91, — 자 92

히스먼, 마이클(Heasman, Michael) 97

힐턴, 로드니(Hilton, Rodney) 112

힐퍼딩, 루돌프(Hilferding, Rudolf) 183